Gotik in Gandersheim

Studien zum Frauenstift Gandersheim und seinen Eigenklöstern

Herausgegeben von Hedwig Röckelein und Thomas Labusiak

Band 2

Jan Friedrich Richter

Gotik in Gandersheim

Die Holzbildwerke des 13. bis 16. Jahrhunderts

SCHNELL | STEINER

Abbildung auf der vorderen Umschlagseite:
Madonna aus dem Marienretabel, Stiftskirche, Bad Gandersheim

Abbildung auf der hinteren Umschlagseite:
Gregorsmesse auf dem Marienretabel, Detail, Stiftskirche Bad Gandersheim

Portal zur Geschichte
Schätze neu entdecken

SBK Stiftung Braunschweigischer Kulturbesitz

Gefördert durch die Stiftung Braunschweigischer Kulturbesitz

Bibliografische Information der Deutschen Nationalbibliothek: Die Deutsche Nationalbibliothek verzeichnet diese Publikation in der Deutschen Nationalbibliografie; detaillierte bibliografische Daten sind im Internet über <http://dnb.d-nb.de> abrufbar.

1. Auflage 2010

Satzherstellung: Vollnhals Fotosatz, Neustadt a. d. Donau
Umschlaggestaltung: Anna Braungart, Tübingen
Druck: Erhardi Druck GmbH, Regensburg
ISBN 978-3-7954-2228-8

Inhalt

Geleitwort

Gotik in Gandersheim? Das Thema des zweiten Bandes der Schriftenreihe „Studien zum Frauenstift Gandersheim und seinen Eigenklöstern" scheint auf den ersten Blick nicht naheliegend, ist Gandersheim doch eher für seine hochmittelalterlichen Schätze berühmt. Ein Blick in die Gandersheimer Kirchen offenbart jedoch einen umfangreichen, bislang kaum beachteten Bestand an Holzbildwerken des hohen und späten Mittelalters. Die meisten dieser Bildwerke befinden sich heute nicht mehr an ihrem ursprünglichen Bestimmungsort. Sie stammen aus der Stiftskirche St. Anastasius und Innocentius, aus dem ehemaligen Kloster Clus und aus St. Georg. Das vorliegende Buch stellt diese Objekte nun erstmals vollständig vor und erhellt ihren kunsthistorischen Kontext.

Dem Autor Dr. Jan Friedrich Richter (Berlin) danken wir herzlich für das mit Kennerschaft und großem Engagement erarbeitete Manuskript.

Die Drucklegung des Bandes wurde ermöglicht durch die Stiftung Braunschweigischer Kulturbesitz, wofür wir dem Direktor der Stiftung, Herrn Tobias Henkel, zu großem Dank verpflichtet sind. Unser herzlicher Dank gilt auch den Einzelspendern, Herrn Max Dietrich Kley (Heidelberg) und Herrn Dr. Reinhard Zahn (Norderstedt).

Dem Verlag Schnell & Steiner danken wir für die verlegerische Betreuung. Die professionelle Arbeit der Verlagslektorin Elisabet Petersen M.A. war uns Ansporn und Vergnügen.

Prof. Dr. Hedwig Röckelein
(Georg August-Universität, Göttingen)

Dr. Thomas Labusiak
(*Portal zur Geschichte*,
Bad Gandersheim)

Einleitung

Ein Katalog zu den gotischen Holzbildwerken in Gandersheim mag auf den ersten Blick überraschen, bringt man das alte Reichsstift doch eher mit frühmittelalterlicher Kunst in Verbindung. Gandersheim war Stammsitz der Liudolfinger und gilt als Wiege des ottonischen Herrschergeschlechtes. Schon seit dem 9. Jahrhundert läßt sich am Ort eine rege Bautätigkeit nachweisen. In kurzer Folge entstehen bis zum Anfang des 12. Jahrhunderts sechs Kirchenbauten: 852 das dem hl. Johannes dem Täufer und dem Erzmärtyrer Stephanus geweihte Kloster in Brunshausen, 881 die den spätantiken Päpsten Anastasius und Innocentius geweihte Stiftskirche, 939 die Marienkirche, etwa zur selben Zeit die beiden Pfarrkirchen St. Moritz und St. Georg, 1127 das nah bei Brunshausen gelegene Kloster Clus und unmittelbar vor der Reformation noch das Franziskanerkloster. Viele dieser Kirchen sind heute zerstört. Von ihrer reichen Ausstattung ist nur noch wenig vorhanden, die wichtigsten Stücke befinden sich meist weit verstreut in Museen außerhalb der Stadt.

Die noch in Gandersheim erhaltenen Zeugnisse aus gotischer Zeit sind kaum bekannt, obwohl es sich um durchaus bedeutende Werke handelt. Sie umfassen ein weites Spektrum – hinsichtlich ihrer Entstehungszeit, ihrer Funktion und ihres künstlerischen Umfelds. Allen gemeinsam ist ihre Fertigung aus Holz. Dieser Befund wirkt banal, ist jedoch Zeichen für eine tiefgreifende Veränderung, nicht nur in der Kunstproduktion, sondern auch in den gesellschaftlichen Verhältnissen des hohen Mittelalters.

Bildlicher Kirchenschmuck existierte in Gandersheim bereits vor dem hier behandelten Zeitraum. Berühmt sind die um 1130 aus Stuck gearbeiteten Apostelfiguren der vor den Toren der Stadt gelegenen Klosterkirche von Clus, die wahrscheinlich über den Pfeilern im Langhaus angebracht waren, ein Bildgedanke, der in ähnlicher Form kurze Zeit später in der Stiftskirche wiederaufgegriffen wurde. Es handelt sich dabei um Bauplastik, um Werke, die während der Errichtung der Gebäude von den Steinmetzen der Bauhütten angefertigt wurden. Auch das älteste der in diesem Band behandelten Werke, die Figur des Kirchenstifters Graf Liudolfs von Sachsen, orientiert sich noch an einem Bildwerk aus Stein, dem Grabmal Heinrichs des Löwen im Braunschweiger Dom. Als man nach diesem Vorbild in Gandersheim um 1270 das Grabmal des Kirchenstifters mit seinem Bildschmuck verzieren wollte, war die Bautätigkeit am Ort jedoch fast beendet. Die großen Kirchenbauten waren fertiggestellt, die Steinmetzen an andere Orte weitergezogen. Der Auftrag für die Grabfigur mußte also an einen auswärtigen Künstler vergeben werden. Seine Werkstatt befand sich wahrscheinlich in Braunschweig, er war anders als die Bauhütten ortsansässig und mit seiner Arbeit Teil einer lokalen Kunstproduktion. Die Hütten hingegen waren aufgrund ihrer Arbeitsweise örtlich ungebunden. Sie zogen von Baustelle zu Baustelle, so daß ihre Werke stärker von überlokalen Bezügen bestimmt wurden.

Mit der im Laufe des Mittelalters abnehmenden Bautätigkeit veränderte sich der Bezugsrahmen der Kunstwerke. Für das Entstehen der Bauplastik mußten sich die Steinmetzen bewegen, für die übrige Ausstattung der Kirchen hingegen die Kunstwerke, die jetzt hauptsächlich aus leichteren Materialien in Werkstätten angefertigt wurden, die sich fest an einem Ort befanden. Immer häufiger läßt sich die genaue

Herkunft der Werke bestimmen, bis man im späten Mittelalter individuelle Künstlerpersönlichkeiten benennen kann.

Holzbildwerke hat es natürlich auch vor dem hier betrachteten Zeitraum gegeben, genauso wie später auch Bildwerke aus Stein. Mit der abnehmenden Bautätigkeit ist aber eine deutliche Verschiebung zu verzeichnen, die sich auf das Arbeitsumfeld der Künstler ausgewirkt hat. In dem Maße, in dem die Bauhütten an Bedeutung verloren, gewannen die Zünfte an Einfluß, die sich als Rechtsorganisationen für die ortsansässigen Künstler gebildet hatten. Die Zunftordnungen regelten die Zulassung zu den einzelnen Gewerben, die Größe der Werkstätten, die Arbeitszeiten und den Materialbezug und nahmen damit Einfluß auf Art und Umfang der lokalen Kunstproduktion. Sie standen in deutlichem Gegensatz zu den lokal unabhängigen Bauhütten. Wirtschaftlich schwierige Zeiten führten daher immer wieder zu Konflikten über die Einschränkung des Tätigkeitsbereichs der Künstler.

Für Gandersheim werden sich diese Fragen nie gestellt haben. Der Ort war zu klein, um größeren Werkstätten ausreichende Arbeitsmöglichkeiten zu bieten. Sämtliche Ausstattungsstücke – ausgenommen vielleicht das Chorgestühl – dürften von außerhalb bestellt worden sein. Es ist allerdings schwierig, allgemeingültige Aussagen zu treffen, da der größte Teil der ursprünglich vorhandenen Werke heute zerstört ist. Allein für die Stiftskirche lassen sich anhand von Quellen zwanzig Altäre nachweisen. Auch wenn sicherlich nicht alle mit Retabeln verziert gewesen sein dürften, so stellen die drei in Resten erhaltenen Altaraufsätze doch nur einen Bruchteil der ursprünglich vorhandenen dar. Dennoch läßt sich aus der geringen Zahl der in Gandersheim erhaltenen Werke noch ein relativ breiter Überblick über die mittelalterliche Kunstproduktion im südlichen Niedersachsen gewinnen.

Bereits im 13. Jahrhundert zeichnet sich mit dem Stiftergrabmal die Stadt Braunschweig als eines der künstlerischen Hauptzentren der Umgebung ab. Dort läßt sich bis ins Spätmittelalter eine rege Kunstproduktion nachweisen, von der in Gandersheim der aus der Moritzkirche stammende Dreikönigsaltar und die Malereien des Marienretabels zeugen. Der Dreikönigsaltar trägt die Signatur von Cord Borgentrik, dem Leiter der wohl bedeutendsten Braunschweiger Bildschnitzerwerkstatt des ausgehenden 15. Jahrhunderts. Im Gegensatz zur Figur des Kirchenstifters ist die Qualität dieses späten Werkes recht einfach. Die szenischen Darstellungen wirken unbeholfen, charakteristische Figurentypen werden laufend wiederholt. Obwohl die Braunschweiger Kunst – auch in ihren Bildprogrammen – ein sehr eigenständiges Gepräge entwickelt hatte, orientierte sie sich qualitativ an den Ansprüchen der eher ländlichen Umgebung. Aufwendigere Arbeiten wurden daher wohl von auswärtigen Künstlern bestellt. So stammt die vollkommen außergewöhnliche Figur des Patroziniumsheiligen der Georgenkirche wahrscheinlich aus einer Lüneburger Werkstatt, deren Qualitätsniveau weit über dem der im Umkreis von Gandersheim ansässigen Künstler lag.

Obwohl Gandersheim zur Diözese Hildesheim gehörte, lassen sich Aufträge an den Bistumssitz erst im Spätmittelalter nachweisen. Die Stadt, die in ottonischer Zeit zu den bedeutendsten Kunstzentren des Reiches gehörte, erlangte nach langem Niedergang erst gegen 1500 wieder eine gewisse Bedeutung. Die Hildesheimer Bildschnitzerkunst zeichnete sich durch eine deutlich höhere Qualität aus als die Braunschweiger. Anders als dort dominierten hier individuell geprägte Einzelfiguren die Hauptansicht der Retabel. Zu den bedeutendsten Künstlern der Stadt gehörte der namentlich unbekannte Epiphanius-Meister, von dem sich mit dem Bartholomäusretabel und der Triumphkreuzgruppe der Stiftskirche gleich zwei besonders qualitätvolle Werke in Gandersheim erhalten haben.

In kleinerem Umfang lassen sich aber auch in der näheren Umgebung Bildschnitzerwerkstätten nachweisen, die für die vielen Kirchen vor Ort tätig gewesen sein müssen. Aus ihrem Umfeld stammen das Triumphkreuz der Georgenkirche und in der Stiftskirche das Vesperbild, die Anna Selbdritt und die Apostelfiguren eines zerstörten Retabels. Diese Werke lassen sich nicht genauer lokalisieren, eine Fertigung in benachbarten Orten wie Alfeld, Einbeck oder Northeim ist jedoch wahrscheinlich. Die Herkunft der Apostelfiguren läßt sich auf das Northeim-Göttinger Gebiet einschränken, da ihr Stil unter dem weiteren Einfluß des dort tätigen Bildschnitzers Bartold Kastrop steht. In seinem näheren Umfeld muß auch die Werkstatt gearbeitet haben, die das Marienretabel für die Stiftskirche geliefert hat. An diesem Werk wird zugleich auch die enge Verbindung der verschiedenen Kunstzentren untereinander deutlich, da man den Auftrag für die Malereien auf den Flügeln an einen wahrscheinlich in Braunschweig tätigen Künstler vergab.

Der Kruzifixus der Triumphkreuzgruppe aus der Klosterkirche in Clus setzt sich mit seiner hohen Qualität deutlich von diesen Arbeiten ab. Das vollkommen außergewöhnliche Programm der ansonsten zerstörten Figurengruppe läßt sich nur über die weitreichenden Kontakte der Klostergemeinschaft erklären. Der Auftrag wurde an einen Künstler vergeben, dessen Werk weniger auf niedersächsischen, sondern eher auf mitteldeutschen Traditionen beruht. In dem heute völlig abgeschieden gelegenen Kloster scheint man im Spätmittelalter an die Ausstattung der Kirche einen Anspruch erhoben zu haben, den die Künstler aus dem näheren Umkreis nicht erfüllen konnten. Dies zeigt sich auch am Retabel für den Hochaltar der Kirche, das gleichfalls aus einem fremden Kunstkreis stammt, aus einem der bedeutendsten Zentren Norddeutschlands, der Hansestadt Lübeck.

Die formalen Unterschiede zwischen den hier behandelten Werken erklären sich jedoch nicht allein aus ihrer Herkunft, sondern auch aus ihrer Funktion und ihrem zeitlichen Zusammenhang. Mit ihnen haben sich Beispiele für fast alle größeren Ausstattungsstücke mittelalterlicher Kirchen erhalten. Das Dreikönigsretabel der Stiftskirche war ebenso wie das Retabel in Clus für den Hochaltar bestimmt und dementsprechend prächtig ausgestattet. Bei ersterem handelt es sich um ein Pentaptychon, also um ein Retabel mit zwei Paaren von überwiegend bemalten Flügeln, auf denen in Verbindung mit den Skulpturen ein breitangelegtes Bildprogramm gezeigt werden konnte. Hier wurde der Hauptteil der erzählenden Szenen auf die Malereien verlegt, während die Skulpturen eine vornehmlich repräsentative Funktion besaßen. Das Format ist eher bescheiden und erlaubt damit Rückschlüsse auf die Größe der verlorenen Moritzkirche. In Clus hingegen wählte man eine andere Lösung, ein relativ großes Retabel, das als Triptychon aber nur ein Paar Flügel besaß. Die dadurch verringerten Ausstattungsmöglichkeiten wurden durch ein Höchstmaß an schnitzerischem Aufwand kompensiert. Erzählende Szenen finden sich auch bei den Skulpturen auf den Innenseiten der Flügel, repräsentative Funktion übernimmt allein der Schrein.

Obwohl die Retabel aus Braunschweig und Lübeck und damit aus vollkommen verschiedenen Kunstkreisen stammen, lassen sich diese Unterschiede nicht durch verschiedene Altarbautraditionen erklären, da sich in beiden Gegenden auch Beispiele für den jeweils anderen Typus anführen lassen. Die Predella hingegen, die in Clus ursprünglich mit Heiligenbüsten besetzt war, ist ein völlig fremdartiges Motiv in Lübeck. Sie wurde wahrscheinlich von rheinischen Vorbildern übernommen und erklärt sich nur über die besondere Reliquienverehrung des Klosters.

Auch für die ursprüngliche Konzeption der Cluser Triumphkreuzgruppe, von der sich allein der Kruzifixus erhalten hat, findet sich im niedersächsischen Raum kein zeitgleiches Gegenstück. Die vielfigurige Aufstellung orientiert sich an Vorbildern des 12./13. Jahrhunderts, auf die man auch bei einer Triumphkreuzgruppe im Lübecker Dom zurückgriff. Von dort her dürfte man die Anregung für die Gestaltung in Clus übernommen haben. In der Stiftskirche hingegen blieb man beim Typus der weitverbreiteten dreifigurigen Gruppe, die als Arbeit des Epiphanius-Meisters dem Cluser Werk qualitativ ebenbürtig ist.

Art und Aufwand der Kirchenausstattung waren auch von den finanziellen Möglichkeiten der jeweiligen Stifter abhängig. In der vergleichsweise kleinen Georgenkirche findet sich ein Triumphkreuz, das wahrscheinlich niemals Begleitfiguren besaß. Auch wenn man das Format vielleicht mit Rücksicht auf die in unmittelbarer Nachbarschaft aufgestellte Figur des Heiligen Georgs bewußt klein gehalten hat, wirkt das Kreuz im Vergleich zu den beiden anderen Gruppen doch eher bescheiden, wenngleich die schnitzerische Qualität von einem hohem Niveau zeugt.

Auch am Bartholomäusretabel in Brunshausen ist deutlich die finanzielle Beschränkung zu erkennen. Es war ursprünglich für einen Seitenaltar der Stiftskirche bestimmt und zeigt als Triptychon ein relativ einfaches Bildprogramm in kleinem Format. Das Geld der Stiftung scheint anfangs nur für die Anfertigung des Schreins mit den Skulpturen gereicht zu haben, die als Arbeiten des Epiphanius-Meisters eine hohe Qualität aufweisen. Die Fassung der Figuren und die Bemalung der Flügel konnten erst dreißig Jahre später durch eine weitere Stiftung finanziert werden.

Andere Seitenaltäre hingegen dürften weitaus aufwendigere Retabel getragen haben. Die Höhe der Apostelfiguren eines zerstörten Altars in der Stiftskirche setzt einen Aufsatz von der Größe des Dreikönigsretabels voraus. Aus den formalen Aspekten der Ausstattungsgegenstände läßt sich also nur bedingt ihre ursprüngliche Funktion erschließen. Das Dreikönigsretabel war für den Hochaltar der Moritzkirche bestimmt, zeigt aber etwa dasselbe Format wie der verlorene Seitenaltar. Die Qualität ist ähnlich einfach und wird von den Skulpturen am Bartholomäusaltar weit übertroffen, der jedoch auf einem Seitenaltar aufgestellt war. Seine später entstandenen Malereien wurden dagegen wieder schlichter ausgeführt. Am Marienretabel der Stiftskirche unterscheiden sich Skulpturen und Malereien nicht in ihrer Qualität, sondern durch ihr größeres Format von den anderen Retabeln. Doch auch hier hat es sich nur um den Aufsatz für einen Nebenaltar gehandelt, der durch seine Weihe an die Gottesmutter allerdings zu den wichtigsten der Kirche gehörte.

Nicht jeder Altar war mit einem Retabel verziert. Bescheiden ausgestattete Stiftungen erlaubten oft nur die Aufstellung einer einzelnen Figur. Mit dem Vesperbild und der thronenden Anna Selbdritt sind zwei Beispiele in der Sammlung der Stiftskirche erhalten geblieben. Es handelt sich um Andachtsbilder, gedacht für die persönliche Verehrung im kleinen Kreis, während sich die Wandelbarkeit der Retabel mehr am liturgischen Ablauf des Kirchenjahres orientierte.

Einen Sonderfall stellt die Figur des Patroziniumsheiligen der Georgenkirche dar. Auch hier handelt es sich um ein Andachtsbild, jedoch von beträchtlicher Größe und betont exponierter Aufstellung. Statt an zentraler Position in einem Retabel steht es in freier Plazierung auf einer Säule. Diese Anordnung geht vielleicht auf ein älteres Vorbild zurück, da die Säule aus dem romanischen Vorgängerbau übernommen wurde. Die Figur dürfte sich ursprünglich wohl in der Nähe eines Altars befunden haben, dennoch ist hier eine deutliche Trennung von Altar und Ausstattung zu verzeichnen. Zeitgleiche Gegenstücke lassen sich im deutschen Raum dafür nicht benennen, und es ist mehr als bezeichnend, daß man den Auftrag für die ungewöhnliche Figur wahrscheinlich an eine prominente Werkstatt nach Lüneburg vergeben hat.

Während die hier benannten Werke einen im weitesten Sinne liturgischen Zweck erfüllten, reichen die beiden Stifterdarstellungen in den säkularen Bereich hinein. Die Figur des Grafen Liudolf verzierte das Grab des Kirchenstifters. Sie wurde erst vier Jahrhunderte nach seinem Tod angefertigt, und neben frommem Gedenken dürften es vor allen Dingen politische Gründe gewesen sein, die zu dem Auftrag führten. Die Stifter wollten sich damit demonstrativ als legitime Nachfolger des Grafen ausweisen, in einer Situation, in der die Machtbefugnisse über das Stift unsicher geworden waren. Ähnliches dürfte für die Stiftertafel gelten, die weitere drei Jahrhunderte später geschaffen wurde. Das Bild, das zeitlich bereits in die Renaissance hineinreicht, zeigt mit der Verwendung mittelalterlicher Bilderfindungen deutlich konservative Züge. Ähnlich wie bei der Figur des Stiftergrabmals läßt sich das aber nicht als Zeichen provinzieller Rückständigkeit werten, sondern als bewußter Rückgriff auf alte Traditionen, mit denen sich der Stifter in seiner Position sichtbar zu legitimieren versuchte.

Diese beiden Werke umfassen zeitlich zugleich einen entscheidenden Entwicklungsschritt innerhalb der Kunstgeschichte, der sich selbst in diesem schmalen Katalog abzeichnet. Während im 13. Jahrhundert die Plastik den bildlichen Kirchenschmuck dominierte und Tafelmalerei nur in wenigen Beispielen nachweisbar ist, verschob sich dieses Verhältnis im Laufe des Mittelalters immer mehr zugunsten der Malerei. Ihre zunehmende Führungsrolle innerhalb der Kunstgattungen wird in Gandersheim mit der bewußten Wahl der Technik für die Stiftertafel deutlich.

Abgesehen von den kunst- und kirchenhistorischen Aspekten sind die hier vorgestellten Werke aber auch Zeugnisse der Gandersheimer Geschichte. Das betrifft im großen die politischen Machtkämpfe, für die man das Gedenken an den Kirchenstifter instrumentalisiert hat, im kleinen aber auch die Entscheidungen der einzelnen Gemeinden über die Art und das weitere Schicksal ihrer Kirchenausstattungen. Das hohe historische Ansehen des Reichsstiftes spiegelt sich nicht unbedingt in seiner jüngeren Ausstattung wider. Das Grabmal für den Kirchenstifter dürfte dem Stift von außen zugetragen worden sein und kann demnach nicht als charakteristischer Ausdruck seines geistigen Klimas gewertet werden. Die Heiligenfigur in St. Georg dagegen wurde für eine einfache Pfarrkirche geschaffen, vertritt künstlerisch aber einen ungewöhnlich hohen Anspruch. Dieses Niveau wird später allein bei den Cluser Werken erreicht und läßt sich nur durch die weitreichenden Kontakte ihrer Auftraggeber erklären. Die anderen Gandersheimer Werke stammen hingegen aus dem näheren Umkreis. Die Hildesheimer Arbeiten des Epiphanius-Meisters sind von hoher Qualität, überschreiten inhaltlich aber nicht das Übliche. Das Dreikönigsretabel für die Moritzkirche und das Marienretabel zeigen zwar komplexe Programme, sind aber weder inhaltlich noch künstlerisch als Innovationen zu werten. Im Vergleich zu Clus scheint die spätmittelalterliche Kirchenausstattung in Gandersheim eher bescheideneren Ansprüchen genügt zu haben.

Am 13. Juli 1543 wurden bei einem Bildersturm siebzehn von mindestens zwanzig nachweisbaren Altären der Stiftskirche zerstört, wovon heute wahrscheinlich noch die erhaltenen Apostelfiguren im Sammlungsbestand des *Portals zur Geschichte* zeugen. Die Zahl zeigt eine auffallende Korrespondenz zu den drei noch erhaltenen Retabelresten in der Kirche. Da das Retabel in Clus mit seinem explizit altgläubigen Thema erhalten geblieben ist, scheint sich der fanatische Eifer der Reformatoren auf die Stiftskirche konzentriert zu haben. Ähnlich wie bei den Aufträgen für die Stifterbildnisse knüpfte sich der Sinn dieser Zerstörungen an das Symbolträchtige des Ortes, das kleine Kloster war dafür belanglos.

Mit der endgültigen Einführung der Reformation im Jahre 1568 verlor ein Großteil der Ausstattungsstücke seine Funktion. Viele Werke blieben als reine Zierde erhalten, wurden aber den Bedürfnissen der jeweiligen Zeit angepaßt. Da man die Moritzkirche nach 1580 nicht mehr benutzte, wurde das Dreikönigsretabel in der Georgenkirche aufgestellt. In der Stiftskirche gingen viele der alten Altaraufsätze verloren und wurden durch neue ersetzt, bis man mit dem historischen Bewußtsein des 19. Jahrhunderts versuchte, ihr ursprüngliches Aussehen zurückzugewinnen und dort alle wichtigen Ausstattungsstücke aus der Stadt versammelte. Vieles ist noch in jüngster Zeit verlorengegangen, auch durch gutgemeinte Unkenntnis. In Clus existierte noch Anfang des 20. Jahrhunderts die alte Predella des Retabels, die heute genauso wie das ältere, in seiner Gestaltung vollkommen außergewöhnliche Triumphkreuz verloren ist. Gleiches gilt für die äußeren Flügel des Marienretabels der Stiftskirche. Und selbst die Restaurierungen haben oft mehr geschadet als geholfen, wie die überstrichene Künstlersignatur am Dreikönigsretabel zeigt.

Dennoch fügt sich der heute erhaltene Bestand immer noch zu einem eindrucksvollen Bild für das Bemühen der Gläubigen, ihre Kirchen mit würdigen und oft auch äußerst anspruchsvollen Werken auszustatten. Sein breites Spektrum erlaubt Rückschlüsse auf die weitreichenden Handelsverbindungen, die das alte Reichsstift nicht nur zur näheren Umgebung, sondern auch in die entfernteren Hansestädte unterhielt. Und nicht zuletzt ergibt der Überblick einen durchaus repräsentativen Eindruck von der Vielfalt mittelalterlicher Kirchenausstattung.

Der folgende Katalog ist chronologisch geordnet. Er richtet sich in gleichem Maße an den Wissenschaftler wie an den kunstinteressierten Laien. Der besseren Lesbarkeit halber wurde auf einen wissenschaftlichen Anmerkungsapparat verzichtet. Material- und Zustandsangaben beschränken sich auf das Nötigste, Quellen und Inschriften sind kursiv gesetzt und mit einem Nachweis versehen, die Literaturhinweise folgen chronologisch der Forschungsgeschichte zum Objekt.

KATALOG

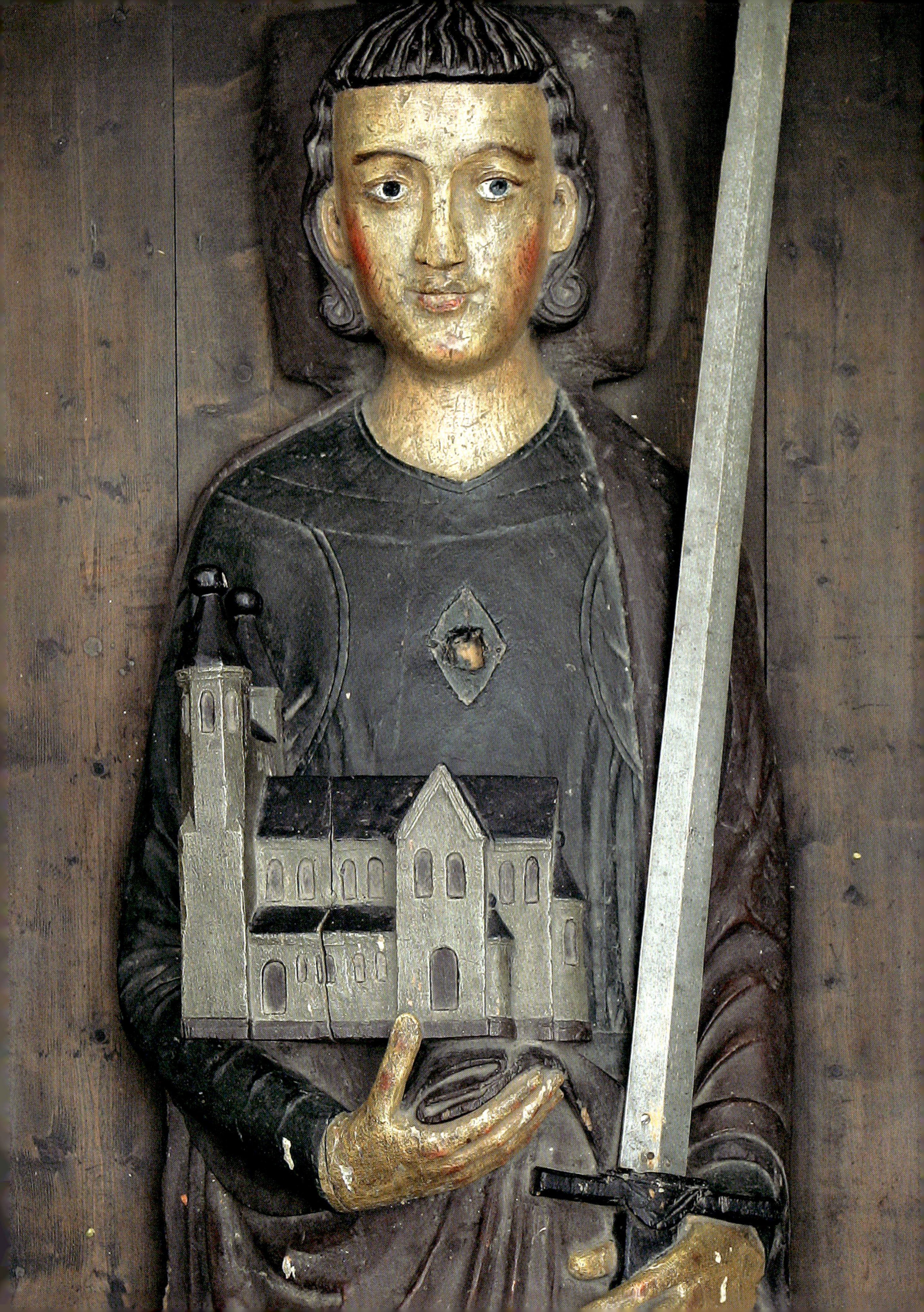

Kat. Nr. 1

Stiftskirche St. Anastasius und Innocentius, Antoniuskapelle
Figur vom ehemaligen Stiftergrabmal Graf Liudolfs von Sachsen

Niedersachsen (Braunschweig?), um 1270
Holz (Eiche?), rückseitig ausgehöhlt, mit einer Ölfarbenfassung des 19. Jh. über älteren Resten. In der Brust eine rautenförmige Aussparung über würfelförmiger Vertiefung (3,5 x 3,5 cm, T.: 3 cm), diverse Ausbrüche im Holz an Plinthe und Gewand, blanke Klinge des Schwertes fehlerhaft ergänzt (ursprünglich mit Scheide)
H.: 35 cm, B.: 68 cm, T.: 210 cm
Kasten, 19. Jh., Eiche, dunkel gebeizt. H.: 90 cm, B.: 104 cm, T.: 250,5 cm
Abb. 1, 2

Die Figur zeigt einen Mann in adeliger Kleidung, mit langärmeligem Gewand, ärmellosem Überrock, dem sogenannten Surcot, und einem langen Manteltuch, das vor den Körper gezogen ist. Haltung und Fall der Gewänder sprechen für einen stehenden Menschen, das Kissen hinter dem Kopf verweist jedoch auf eine andere Funktion. Es handelt sich um die Grabfigur des sächsischen Grafen Liudolf, der zusammen mit seiner Frau Oda Mitte des 9. Jahrhunderts das Gandersheimer Kanonissenstift gründete. Seine Bedeutung als Stifter und seine gräfliche Würde werden durch das Kirchenmodell und das Schwert als Symbol seiner Rechtshoheit bezeichnet. Liudolf wurde 866 in der Klosterkirche von Brunshausen, etwa anderthalb Kilometer östlich von Gandersheim begraben, wo sich der Konvent bis zur Fertigstellung der Stiftskirche aufhielt. 881 überführte man die Gebeine nach Gandersheim und begrub sie in der südlich an den Chor angrenzenden Kapelle vor dem Stephanusaltar. Dieser fungierte als Pfarraltar, so daß die Begräbnisstätte nicht nur dem abgeschieden lebenden Stift, sondern auch der Öffentlichkeit zugänglich war.

Abb. 1: Figur vom ehem. Stiftergrabmal Graf Liudolfs von Sachsen. Bad Gandersheim, Stiftskirche. Braunschweig, um 1270. Detail

Über die ursprüngliche Gestaltung der Grabstätte ist nichts bekannt. Sie war vermutlich mit einer Grabplatte oder einer Tumba gekennzeichnet, einem sargförmigen Kasten, der über dem Grab aufgestellt wurde. Seit dem frühen 12. Jahrhundert begann man zunehmend Tumben mit den liegenden Figuren der Verstorbenen zu schmücken. Meistens handelte es sich dabei um Gräber von Stiftern, die wie in Gandersheim viele Generationen zuvor verstorben waren. Die Figuren zeigen demnach idealtypische Modelle und keine individuellen Züge.

Die Gründe für die Entstehung der mittelalterlichen Grabskulptur sind vielfältig. Neben der zunehmenden Bedeutung des liturgischen Totengedenkens, dem die Grabmäler den entsprechend prächtigen Hintergrund lieferten, gab es oft auch politische Beweggründe für derartige Stiftungen. In Gandersheim fällt die Entstehung der Figur in unsichere Zeiten. Liudolf galt bis hin zu den Staufern als der Stammvater der deutschen Herrschergeschlechter. Gandersheim gehörte daher zu den wichtigen, identitätsstiftenden Orten des Reiches, als Äbtissinnen fungierten Prinzessinnen aus königlichem Hause. Mit dem Thronstreit zwischen Staufern und Welfen zu Beginn des 13. Jahrhunderts verlor das Reichsstift jedoch zunehmend an Bedeutung. Man löste es aus dem Hildesheimer Diözesanverband heraus und unterstellte es direkt dem Papst, um das Stift der politischen Einflußnahme zu entziehen. Die Vogtei, d. h. die weltliche Verwaltung, gelangte jedoch in den Besitz der Welfenherzöge, die in unmittelbarer Nähe eine Wasserburg errichteten. Aufgrund ihrer rechtlichen Position konnten die Welfen ihre Töchter immer öfter als Äbtissinnen durchsetzen und nahmen damit starken Einfluß auf die Geschicke des Stiftes.

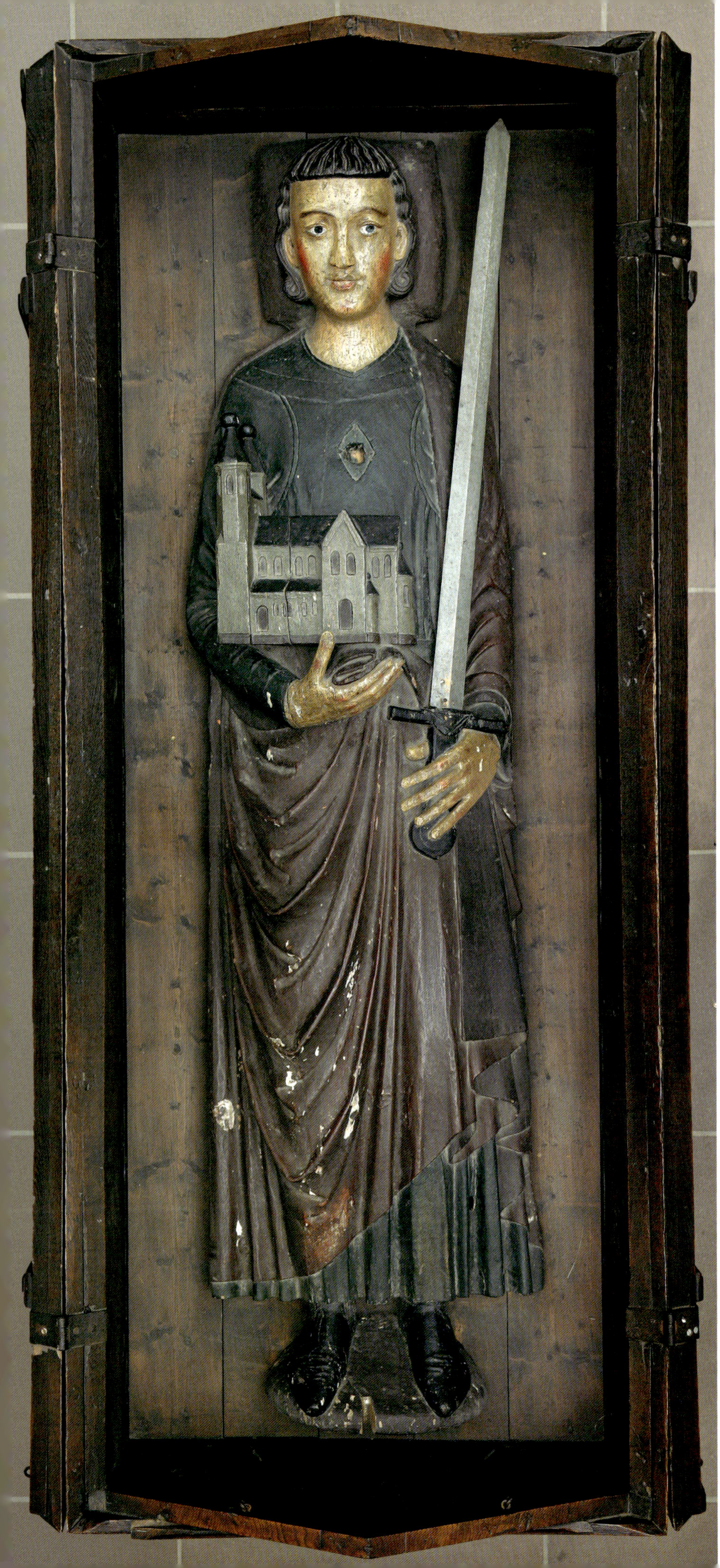

Abb. 2: Figur vom ehem. Stiftergrabmal Graf Liudolfs von Sachsen. Bad Gandersheim, Stiftskirche. Braunschweig, um 1270

Abb. 3: Grabmal Heinrichs des Löwen. Braunschweig, Dom St. Blasius. Braunschweig, um 1230/40

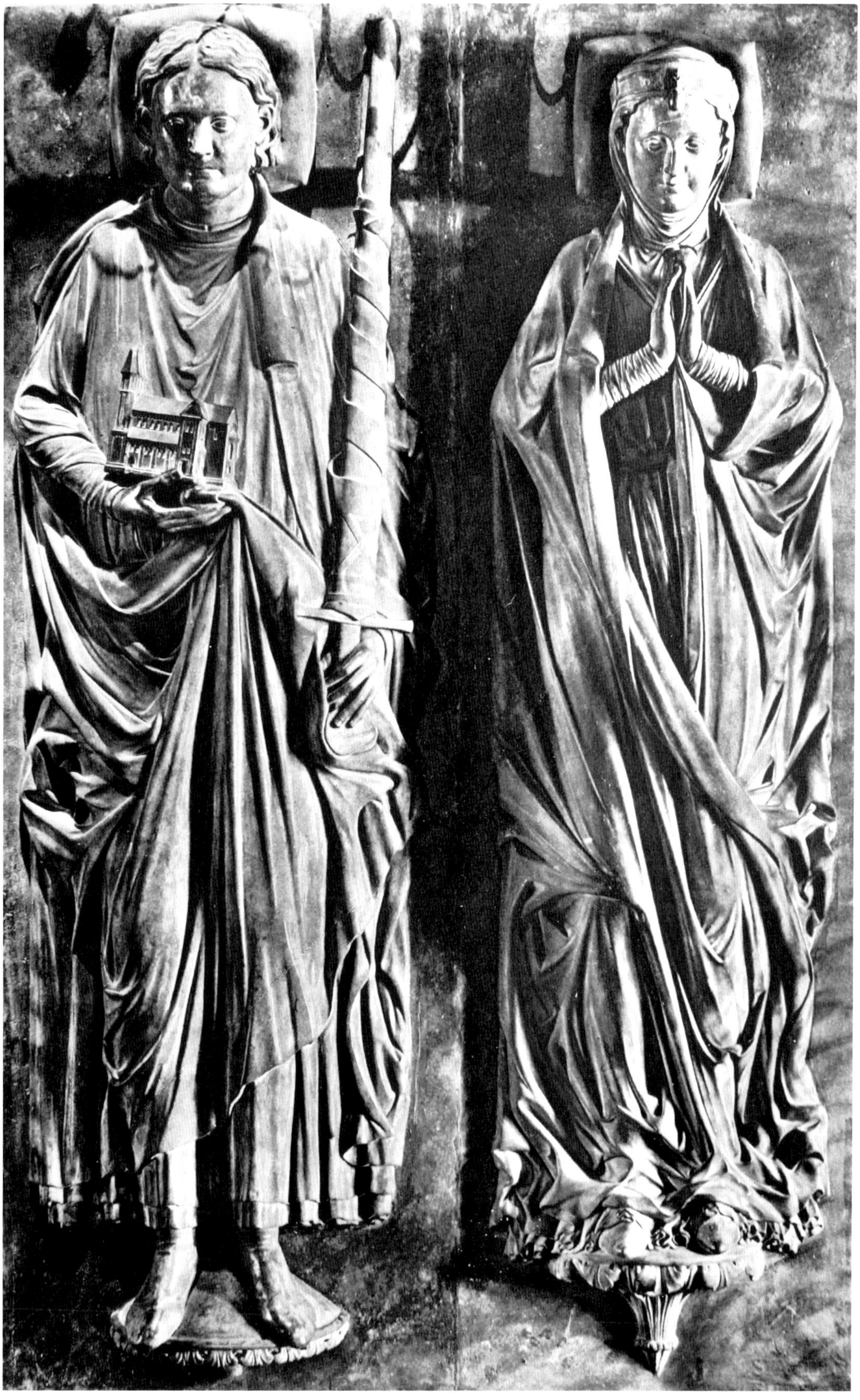

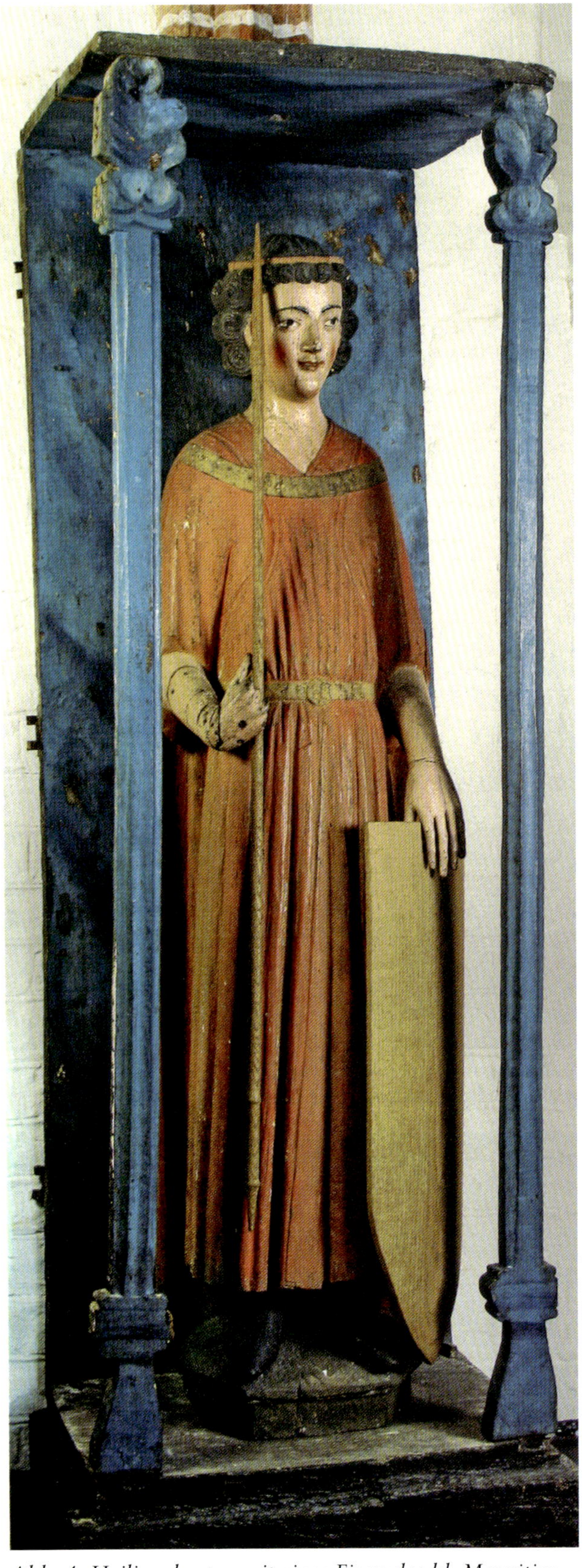

Abb. 4: Heiligenkasten mit einer Figur des hl. Mauritius. Kloster Ebstorf. Braunschweig (?), um 1250

Von welcher Seite der Auftrag für die Neuausstattung des Stiftergrabmals kam, ist unbekannt. Das Stift könnte die eigene historische Bedeutung gegenüber den zunehmend an Einfluß gewinnenden Welfen demonstriert haben wollen. Die Figur orientiert sich jedoch an einem berühmten Vorbild, dem Grabmal des Welfenherzogs Heinrichs des Löwen, das um 1230 im Braunschweiger Dom errichtet wurde (Abb. 3). Körperhaltung, Gewandanlage und Attribute sind so eng verwandt, daß man von einem direkten Bezug ausgehen muß. Das Grabmal ließe sich demnach auch als Stiftung der Welfen verstehen, als demonstrative Zurschaustellung des eigenen Machtanspruchs über Gandersheim, mit dem die Welfen sich als Nachfolger der Liudolfinger zu legitimieren versuchten.

Die besondere historische Bedeutung des Grabmals wird auch durch ein formales Detail bestätigt. Bis zu Beginn des 17. Jahrhunderts war auf der Brust der Figur ein heute verlorener Edelstein befestigt. Die darunter befindliche Höhlung ist zu tief, um als Halterung gedient haben zu können. Vermutlich waren hier Reliquien deponiert. Dies wäre für Stiftergrabmäler vollkommen außergewöhnlich. Es läßt sich nur ein einziges Vergleichsbeispiel anführen, die etwas später entstandene Grabfigur Bischof Bernwards von Hildesheim in St. Michael. Mit dem Einsetzen von Reliquien bekommt das Grabmal den Charakter eines Altars, wie er sich in Hildesheim bereits seit der Mitte des 12. Jahrhunderts direkt über dem Grab befand. In Gandersheim dagegen stand das Grabmal getrennt von dem als Pfarraltar dienenden Stephanusaltar. Anders als Bernward war Liudolf nicht heiliggesprochen worden, so daß es weder einen Anlaß noch die Berechtigung für eine vergleichbare Anlage gegeben hätte. Was auch immer für Reliquien in die Figur eingelassen wurden, in jedem Fall scheint man damit die Aufmerksamkeit auch inhaltlich vom Altar auf das Grabmal gelenkt haben zu wollen. Die Anmaßung, einen weltlichen Stifter durch eine mit Reliquien versehene Grabfigur quasi zu heiligen, verweist deutlich auf die politische Funktion der Stiftung. Der Bezug auf das Grabmal Heinrichs des Löwen spricht wahrscheinlich für einen welfischen Auftrag, mit dem die Braunschweiger Herzöge sich in eine Traditionslinie zum Geschlecht der Reichsgründer zu setzen versuchten.

Die Figur gehört in den Kontext einer kleinen Gruppe von sehr bedeutenden, vielleicht in Braunschweig entstandenen Skulpturen – einer Sitzmadonna und eines auferstehenden Christus im Zisterzienserinnenkloster Wienhausen sowie der Figur eines hl. Mauritius im Benediktinerinnenkloster Ebstorf (Abb. 4). Die eng verwandte Gandersheimer Figur wurde dabei in ihrer Qualität deutlich unterschätzt. Aufgrund des Bezuges zum Grabmal Heinrichs des Löwen hat man sie für die schlechte Kopie eines wenig begabten Künstlers gehalten. Denn trotz der motivischen Übernahme zeigen sich in Gandersheim große Unterschiede. Während in Braunschweig ein Höchstmaß an gestalterischem Aufwand mit dem fast antikisch anmutenden Fall der Gewandstoffe betrieben wird, ist dies in Gandersheim auf ein Minimum reduziert worden. Der Verlauf der Gewandfalten wird nach einem festen Schema vereinheitlicht, die Kontur zusammengezogen, der Körperbau verhüllt – kurz gesagt, die gesamte Darstellung wird abstrahiert. Dies ist aber kein Zeichen minderer Qualität, sondern ein bewußter Stilwandel, eine Konzentration auf gestalterisch wesentliche Merkmale, die sich generell im ausgehenden 13. Jahrhundert beobachten läßt.

Das Grabmal scheint in reduzierter Form bis ins 18. Jahrhundert erhalten geblieben zu sein. Ein 1734 entstandener Kupferstich zeigt eine unverzierte Tumba, auf der die Figur innerhalb eines profilierten Rahmens liegt. Diese Anlage wurde bald darauf zerstört. Nur die Figur blieb erhalten und wurde in einen dafür angefertigten Holzkasten gelegt, der Mitte des 19. Jahrhunderts bereits so weit verrottet war, daß man ihn durch eine Neuanfertigung ersetzen mußte. Seitdem die Stephanuskapelle 1882 in zwei Räume aufgeteilt wurde, befindet sich die Figur in der Antoniuskapelle im nördlichen Seitenschiff.

Lit.: Bode 1887, S. 51. – BuKd Gandersheim, S. 156. – Fink 1915, S. 44. – Habicht 1917, S. 59. – Pfeifer 1918, S. 123. – Middeldorf 1925, S. 55ff. – Scheffler 1925, S. 11f. – Habicht 1930, S. 173f. – Wenzel 1947, S. 83f., 87. – Scheffler 1952, S. 15. – von der Osten 1957, S. 48. – Gleisberg 1959, S. 25. – Goetting 1973, S. 27, 40. – DEHIO, S. 152. – Kahsnitz 1992, S. 55. – Hengevoss-Dürkop 1994, S. 28ff. – Hoernes 2006. – Gepp 2008, S. 28.

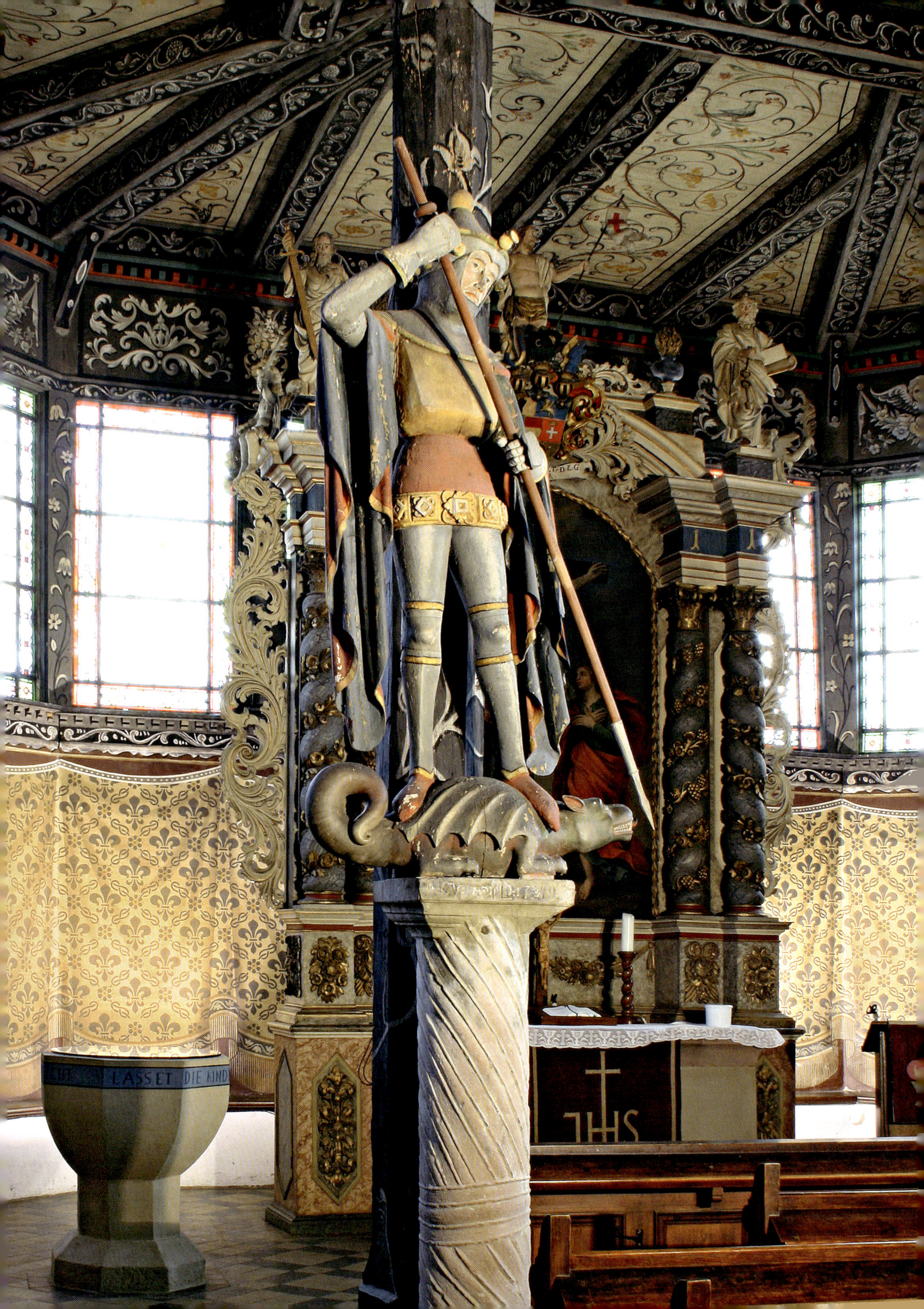
LASSET DIE KIND
IHS

Kat. Nr. 2

Pfarrkirche St. Georg
Figur des hl. Georg

Niedersachsen (Lüneburg – Werkstatt der „Goldenen Tafel" von St. Michael?), um 1430
Holz (Eiche?), massiv, mit einer Ölfarbenfassung des 19. Jh. über älteren Resten auf Leinwandkaschierung. Helmschellen und -knauf, Lanze, Kopf und Schwanz des Drachens ergänzt, auf seinem Rücken ein Loch unbekannter Bestimmung
H.: 210 cm, B.: 70 cm, T.: 40 cm
Säule, Gandersheim, 12. Jh., auf der Front der Abakusplatte ein Steinmetzzeichen, darüber die stark verblaßte Inschrift *A. G. V. Anno 1749,* die auf eine Neubemalung der Figur durch „Scharfrichterin Witwe Vogeln" Bezug nimmt
Abb. 5, 6, 9

Der hl. Georg wird als Ritter in detaillierter Rüstung dargestellt. Sein Kopf ist von einem über die Schultern reichenden Kettenschutz bedeckt, der Oberkörper von einem eng taillierten Brustpanzer, die Beine sind geschient und tragen Kniebuckel. Die Rüstung ist aber weniger als Schutz, sondern als Prunkkleidung gedacht. Statt eines schützenden Helms trägt der Heilige einen kegelförmigen Hut mit Schellen. Das Wams ist auf Hüfthöhe mit einem Ziergürtel besetzt und geht an den Schultern in lange, mit Zaddeln versehene Ärmeltücher über. Auch der Kampf mit dem Drachen wird nur symbolisch angedeutet. Das Untier hat die Größe eines Hundes, die Lanze liegt nur locker in den Händen des Heiligen, sein Blick ist nicht nach unten, sondern nach vorne gerichtet. Mit der Figur wird also nicht die Georgslegende illustriert, sondern ein durch die Motive leicht identifizierbares Andachtsbild geschaffen.

Abb. 5: Figur des hl. Georg.
Bad Gandersheim, Pfarrkirche St. Georg.
Gesamtansicht der Aufstellung

Über seine ursprüngliche Aufstellung ist nichts bekannt. Das etwa gleichzeitig mit der Figur um 1428 fertiggestellte Langhaus der Georgenkirche wurde 1550 verkürzt, als man das Flußbett der Gande aus verteidigungstechnischen Gründen nach Westen verlegen mußte. Der gotische Chor wurde mit einem Teil des Langhauses abgerissen und durch einen dreiseitig geschlossenen Fachwerkbau ersetzt, der Innenraum durch hölzerne Stützen in drei Schiffe unterteilt. Seit dieser Zeit steht die Figur auf einer Säule vor der nördlichen Stütze am Chor.

Beim Umbau der Kirche wurde die ursprüngliche Aufstellung wahrscheinlich unverändert übernommen. Die Säule ist bedeutend älter als die Figur, sie läßt sich ins 12. Jahrhundert datieren. Vergleichbare Typen mit spiralförmig um den Schaft gezogenen Wülsten finden sich in Königslutter oder Wechselburg. Die Säule dürfte demnach aus dem romanischen Vorgängerbau der Kirche stammen und muß als Spolie, als ein aufgrund seiner Verzierung oder symbolischen Bedeutung besonders erhaltenswürdiges Stück betrachtet worden sein. Als architektonisches Stützglied erscheint sie relativ niedrig, vielleicht geht die Aufstellung der Figur auf eine bereits in romanischer Zeit existierende Anordnung zurück.

Die der Forschung nahezu unbekannte Georgsfigur gehört zu den bedeutendsten norddeutschen Werken ihrer Zeit. Die freiplastische Aufstellung ist bei Figuren von monumentaler Größe um 1430 sehr ungewöhnlich. Der Bildgedanke war der Gegend nicht vollkommen fremd, wie sich schon an der Figur des hl. Mauritius in Kloster Ebstorf zeigte (vgl. Abb. 4). Auch sie war bereits vollplastisch ausgearbeitet, wurde aber anders als der Gandersheimer Georg in einem Gehäuse aufgestellt.

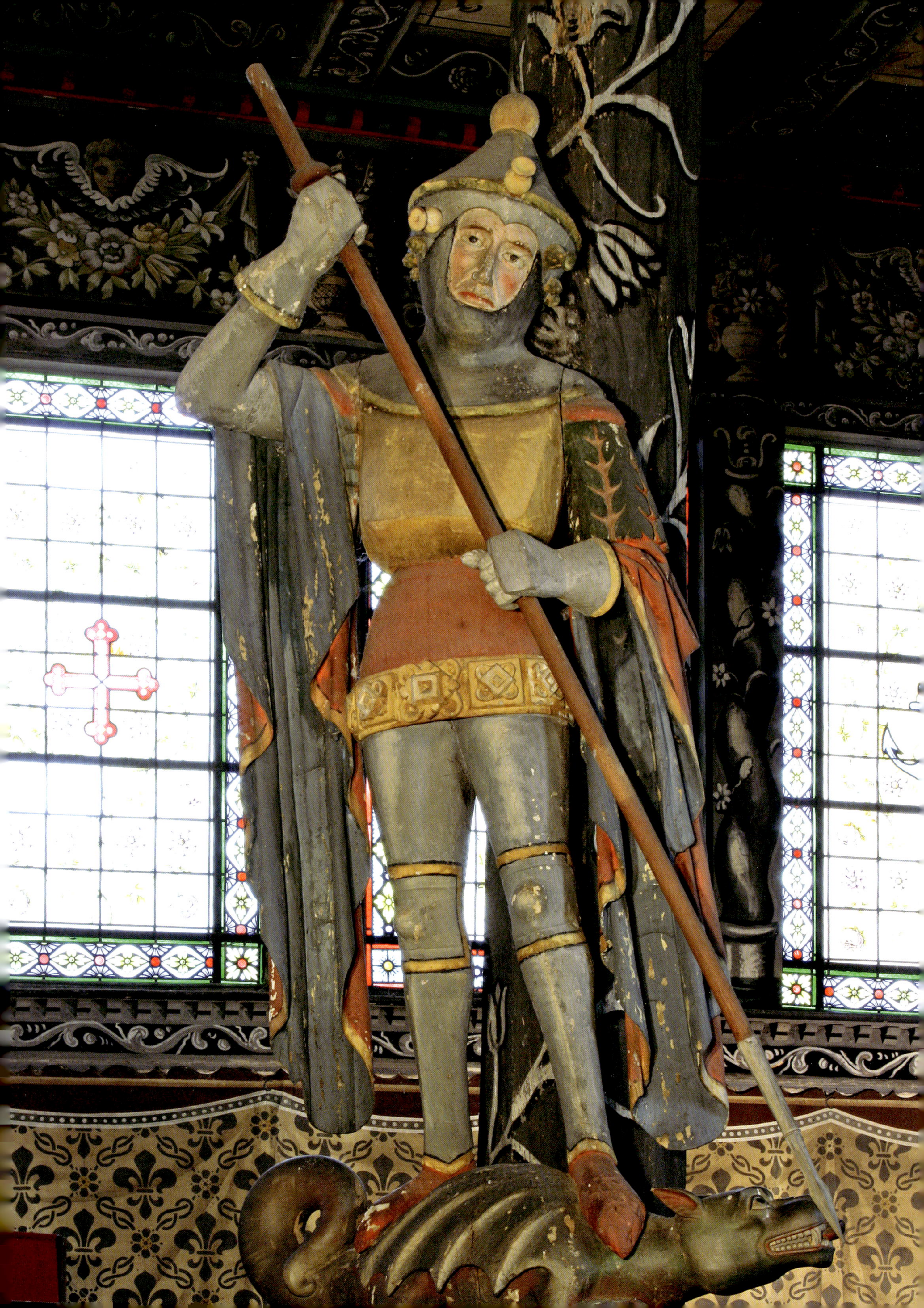

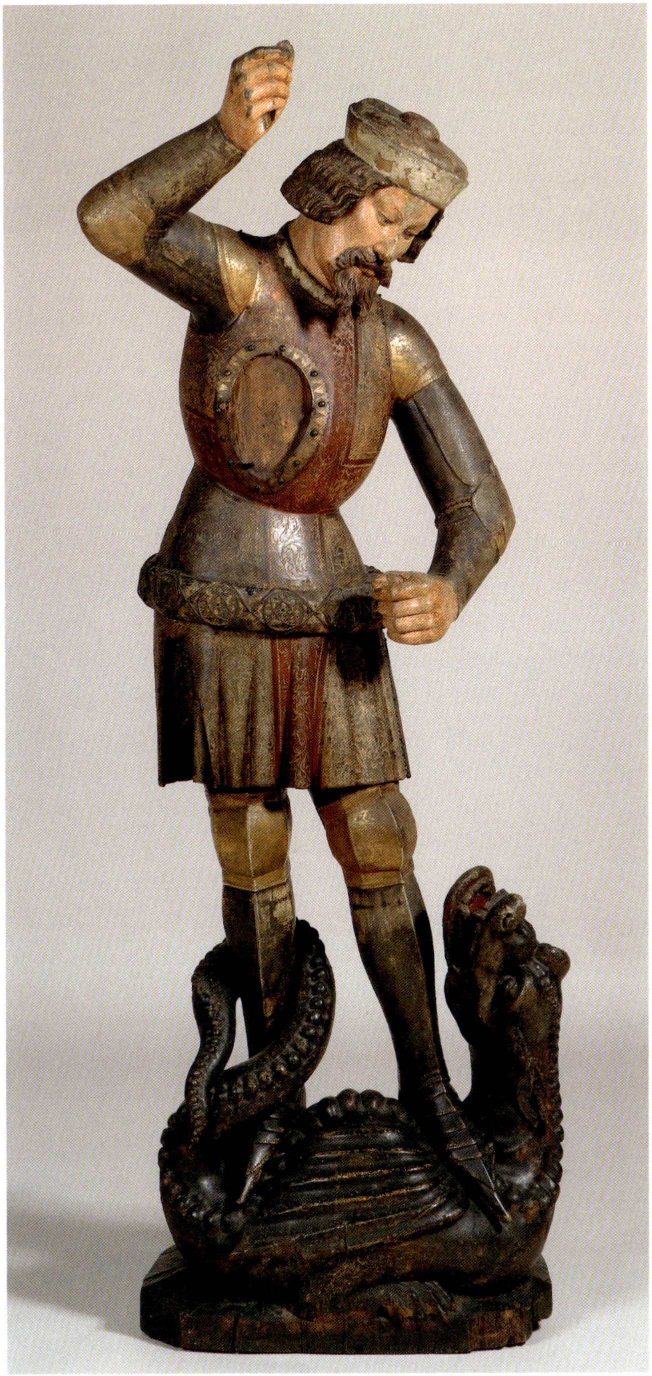

Abb. 7: Figur des hl. Georg. Nürnberg, Germanisches Nationalmuseum. Wohl aus einer unbekannten Kirche in der Steiermark. Wien (?), um 1380

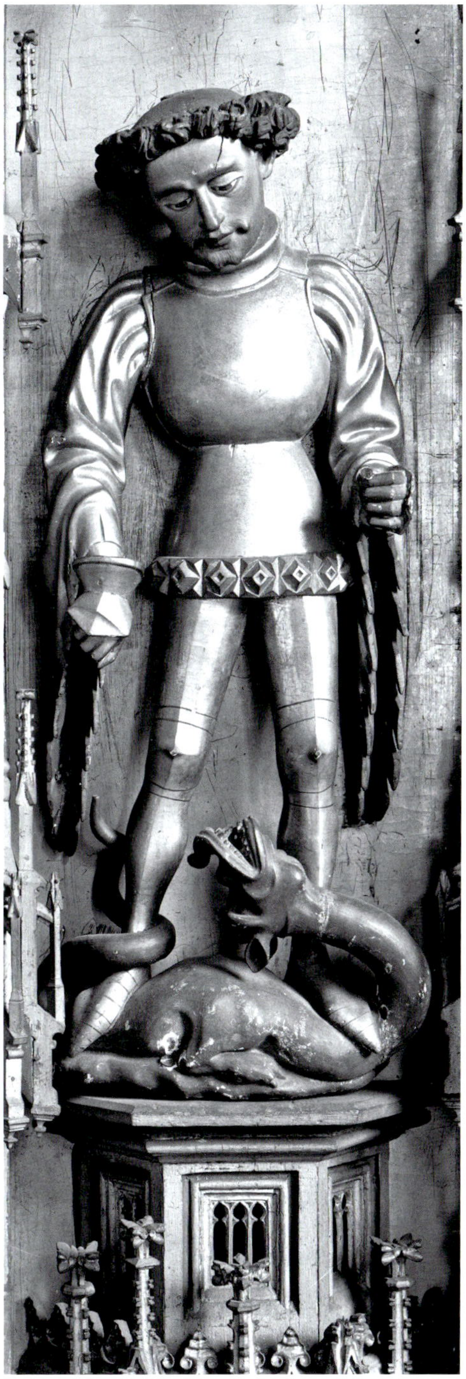

Abb. 8: Figur des hl. Georg. Innenseite des rechten Innenflügels der „Goldenen Tafel" aus St. Michael in Lüneburg. Hannover, Niedersächsische Landesgalerie. Lüneburg (?), um 1418

Abb. 6: Figur des hl. Georg. Bad Gandersheim, Pfarrkirche St. Georg. Lüneburg (?), um 1430

Die Wurzeln des Gandersheimer Figurentypus liegen wahrscheinlich im böhmischen Gebiet und wurden wohl im Umkreis der Parler entwickelt, einer weitverzweigten Familie von Baumeistern, die seit der Mitte des 14. Jahrhunderts entscheidenden Einfluß auf die Entwicklung der Architektur und Plastik ausübte. Für die Georgsfigur lassen sich nur zwei etwas ältere Vergleichsstücke anführen, die deutlich zeigen, wie ungewöhnlich der Typus zur damaligen Zeit gewesen sein muß. Die Figuren in Nürnberg (Abb. 7) und München – wohl in Österreich um 1380 bzw. 1400 entstanden – zeigen dieselbe Körperhaltung (in München spiegelverkehrt), eng vergleichbare Gewandmotive und denselben Typus des kleinen Drachens, nach dem man den Gandersheimer rekonstruieren muß: sein sich aufbäumender Kopf wurde von der Lanze durchbohrt, der um das Bein geschlungene Schwanz sank herab. Der Vergleich zeigt aber auch deutlich, daß die Gandersheimer Figur später entstanden sein muß. Gegenüber seinen Vorläufern scheint die vollplastische Wirkung wieder zurückgenommen. Die Ärmeltücher wirken eher wie ein Tuch, das den Ritter umfängt, wie man es bei vielen Heiligenfiguren in den zunehmend häufiger anzutreffenden Schnitzretabeln findet. Auch in Niedersachsen war dieser Typus bekannt, wie eine eng vergleichbare Georgsfigur in der etwa gleichzeitig entstandenen Annenkapelle der Braunschweiger Martinikirche zeigt. Sie wurde aber nicht frei, sondern bezeichnenderweise vor einer Wand aufgestellt. Dieses Figurenmodell wurde in der Welfenstadt noch bis in die 70er Jahre des 15. Jahrhunderts verwendet, etwa an den Retabeln in Schulenrode und Salzgitter-Osterlinde (heute Braunschweig, Herzog Anton Ulrich-Museum), die aus der Werkstatt des Braunschweiger Bildschnitzers Hans Markgreve stammen, – allerdings mit dem entscheidenden Unterschied, daß dort das Tuch die Figuren vollständig umfängt.

Die genaue Herkunft der Gandersheimer Figur läßt sich kaum noch klären, direkt vergleichbare Werke sind um 1430 im niedersächsischen Raum nicht erhalten geblieben. Eine Herkunft aus Braunschweig ist nicht sehr wahrscheinlich. Die Figur in der Martinikirche zeigt kindliche Proportionen und einen dem Stil entsprechend lieblichen Gesichtstyp, der Gandersheimer Georg dagegen wirkt abweisender und hat einen weitaus schlankeren Körperbau. Sein Gesichtstyp findet eine enge Parallele in den Figuren von den Flügeln der sogenannten „Goldenen Tafel“ aus dem Benediktinerkloster St. Michael in Lüneburg, die sich heute in der Niedersächsischen Landesgalerie in Hannover befinden (Abb. 8). Bei der Tafel handelte es sich um ein vergoldetes Antependium, einen Altarvorsatz aus dem 12. Jahrhundert, der um 1420 in den Schrein eines dafür neuangefertigten Flügelaltars eingesetzt wurde – einer Gandersheim analogen Situation, wo man die Heiligenfigur auf eine romanische Säule setzte. In den heute einzig noch erhaltenen Flügeln des Lüneburger Retabels befinden sich u. a. die Figuren der hll. Georg und Michael, die einen sehr ähnlichen Figurentypus verkörpern. Die Gandersheimer Figur könnte von derselben Werkstatt in Lüneburg angefertigt worden sein.

Lit.: Pfeifer 1900, S. 76. – BuKd Gandersheim, S. 196f. – Pinder 1929, S. 222, 247. – DEHIO, S. 154. – Kronenberg A.C. 2006, S. 15f. – Gepp 2008, S. 76.

Abb. 9: Figur des hl. Georg. Bad Gandersheim, Pfarrkirche St. Georg. Detail

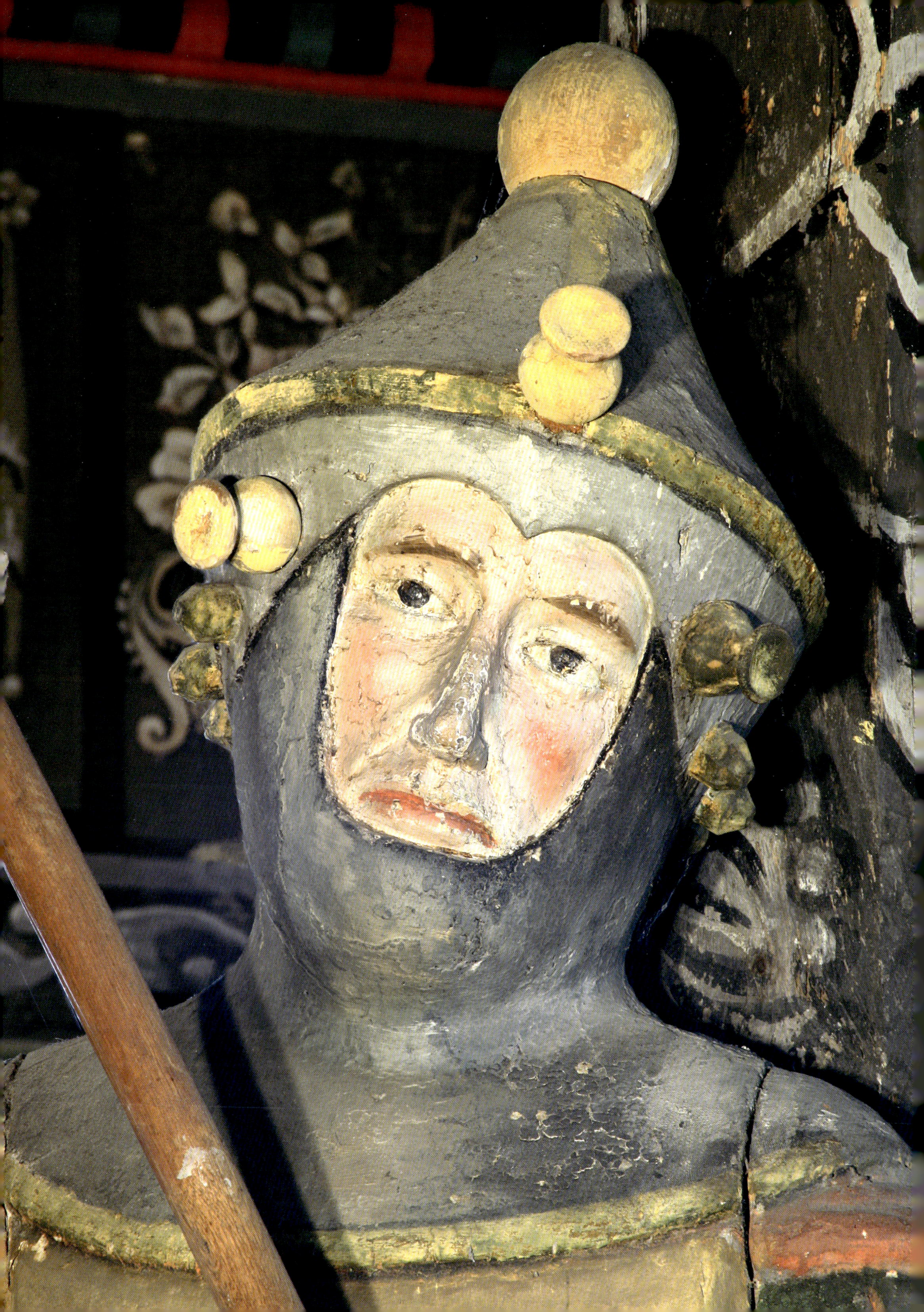

Kat. Nr. 3

Pfarrkirche St. Georg
Triumphkreuz

Niedersachsen, um 1450
Holz (Eiche?), massiv, mit einer Ölfarbenfassung des 19. Jh. über älteren Resten. Schwundrisse an der Verleimung der Arme, Medaillons am Kreuz zu unbekannter Zeit abgesägt
Corpus: H.: 82 cm, B. (Arme): 60 cm, T.: 15 cm. Kreuz: H.: 90 cm, B.: 70 cm, T.: 4 cm
Abb. 10

Der Körper Christi ist mit drei Nägeln an ein ungewöhnlich massives Kreuz geschlagen. Natürlich wirkende Details, wie etwa die Haut, die sich durch das Gewicht des Körpers unter dem Nagel an den Füßen spannt, verbinden sich zu einer insgesamt eher abstrakten Darstellung. Der Gekreuzigte ist tot, sein Kopf ist auf die Schulter gesunken. Trotz des Gewichtes scheint der Körper aber zu schweben, die Arme sind weit gestreckt, die Knie kaum gebeugt. Die Figur zeigt in gleichem Maße Christus als toten Menschen wie den Sohn Gottes als Überwinder des Todes. Das spiegelt sich auch in der Form des Kreuzes wider. Die seitlich der Knie sichtbaren Medaillons und die Spitzen zwischen den Kreuzbalken sind als stilisierte Blüten zu verstehen, die das Holz des Kreuzes als lebenden Baum deuten.

Hinter dieser schlichten Bilderfindung versteckt sich eine komplexe theologische Konstruktion. Der Lebensbaum bildet das Gegenstück zum Baum der Erkenntnis, dessen verbotene Früchte zur Vertreibung aus dem Paradies führten. Die Frucht des Lebensbaums dagegen wird mit Christus gleichgesetzt und bedeutet Erlösung, wie man eine Stelle der Apokalypse (Offb 22,1–3) deutete: *„(1)·Und er zeigte mir einen lautern Strom des lebendigen Wassers, klar wie ein Kristall; der ging aus von dem Stuhl Gottes und des Lamms. (2)·Mitten auf ihrer Gasse auf beiden Seiten des Stroms stand Holz des Lebens* [...]*; und die Blätter des Holzes dienten zur Gesundheit der Heiden. (3)·Und es wird kein Verbanntes mehr sein.“* In der Genesis wird beschrieben, wie sich der Paradiesstrom in vier Teile verzweigt (Gen 2,10). Mit ihnen wurden daher die Kreuzenden gleichgesetzt. Da man die vier Flüsse gleichzeitig auch in den Evangelien symbolisiert sah, endeten die Kreuzbalken meistens in blattförmigen Medaillons, auf denen die Evangelistensymbole dargestellt waren. Am Kreuz der Georgenkirche sind sie abgesägt worden. Einer nachmittelalterlichen Zeit war der Bildgedanke wohl zu komplex.

Die inhaltliche Bedeutung verweist auf die Funktion des Kreuzes. Es muß ursprünglich als Triumphkreuz gedient haben. Am Gewölbebogen vor dem Chor aufgehängt, markierte es die Grenze zum liturgisch wichtigsten Teil der Kirche. Gemessen daran erscheint es auffallend klein. Die geringe Größe dürfte bewußt mit Rücksicht auf die in unmittelbarer Nachbarschaft aufgestellte Georgsfigur gewählt worden sein (vgl. Kat. Nr. 2).

Die Figur des Ritterheiligen läßt sich als spätes Beispiel der internationalen Gotik zurechnen. Für sie hat sich der Name „Weicher Stil“ eingebürgert, da die Gewand- und Körperformen dieser Zeit keinerlei Härten oder Brüche aufweisen. Das nur wenig jüngere Triumphkreuz dagegen zeigt bereits einen deutlichen Stilwandel. Die Falten am Lendentuch überschneiden sich in gegenläufigen Knicken und sind der straffgespannten Haut an Füßen und Brustkorb formal angeglichen – als „weich“ läßt sich das kaum noch beschreiben.

Lit.: BuKd Gandersheim, S. 196. – DEHIO, S. 154. – Kronenberg A.C. 2006, S. 17f.

Abb. 10: Triumphkreuz. Bad Gandersheim, Pfarrkirche St. Georg. Niedersachsen, um 1450

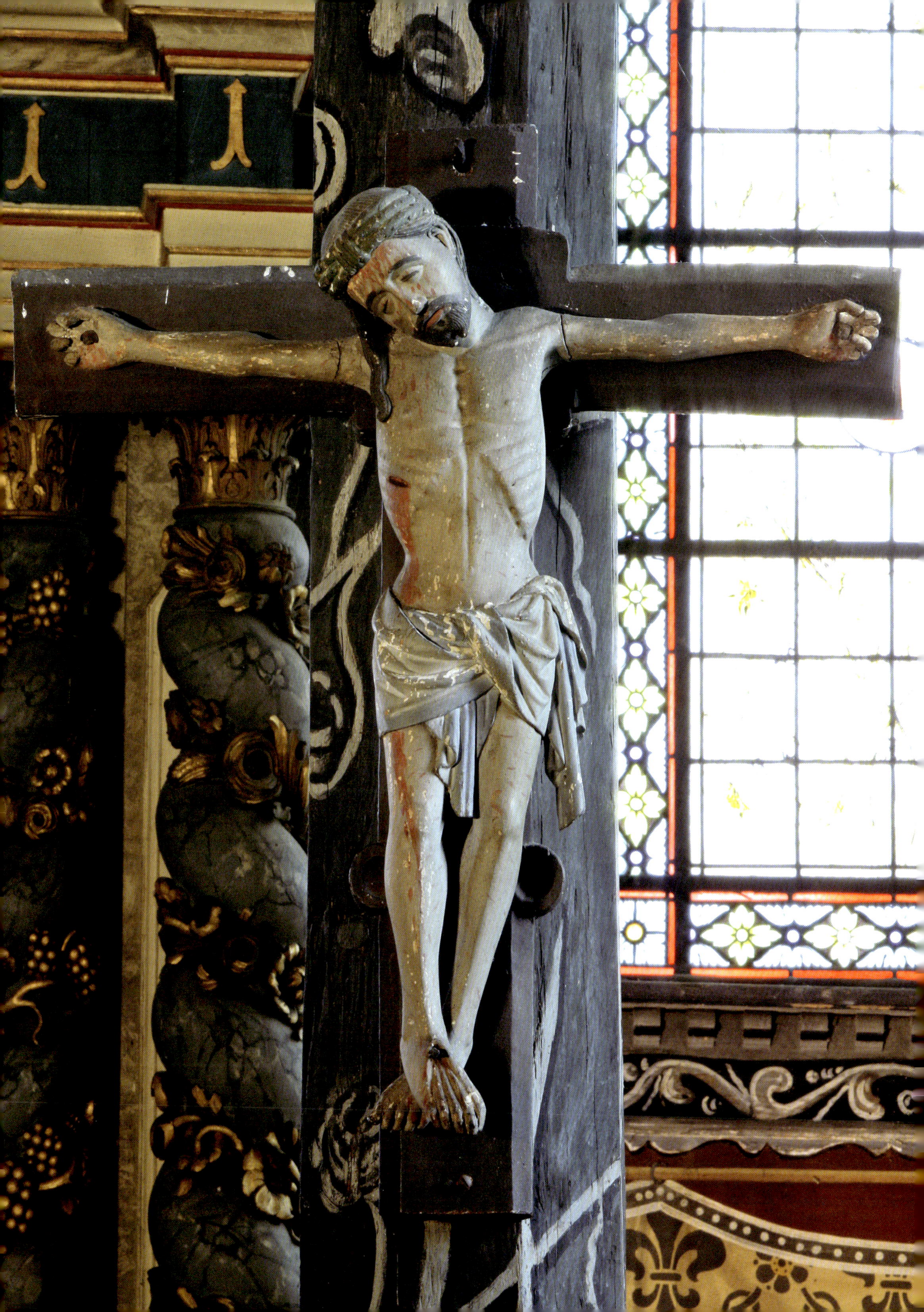

Kat. Nr. 4

Stiftskirche St. Anastasius und Innocentius, Chor, Nordwand Levitenstuhl

Niedersachsen (Gandersheim?), um 1450
Eiche, H.: 119 cm, B.: 162 cm, T.: 49 cm
Abb. 11, 12

Die von hohen Wangen eingefaßte Bank ist in zwei Sitze unterteilt, die oben von Schulterringen abgeschlossen werden. Die reiche Verzierung durch Maßwerk und Profile kennzeichnet sie als liturgisch genutztes Möbel, als Teil des Chorgestühls. Es diente der Geistlichkeit als Sitzgelegenheit während der Chordienste.

Die Bank ist der einzig erhaltene Rest des ursprünglich vorhandenen Gestühls. Noch 1734 werden für die Stiftskirche *Sedilia Canonicorum XII facta sunt anno 1532* (BuKd Gandersheim, S. 137) – *12 Sitze der Kanoniker* aufgelistet, *die 1532 gefertigt worden sind*. Die Erhaltung der Chorbank erklärt sich wahrscheinlich durch ihre spezielle Funktion, die anhand der Figurendarstellungen abzulesen ist. Vor der Zwischenwand in der Mitte befindet sich die hl. Ursula, an den Innenseiten der Wangen sind die Märtyrer Stephanus und Laurentius dargestellt. Stephanus gehörte zu den ersten sieben Diakonen, die nach dem Tode Christi von den Aposteln geweiht wurden, und besaß von daher eine große Bedeutung für die Heidenmission. Reliquien dieses Heiligen waren in Gandersheim bereits bei der Gründung des Konventes im 9. Jahrhundert vorhanden. Ihm war der Altar geweiht, vor dem der Stifter, Graf Liudolf, in der neuerbauten Kirche begraben wurde (vgl. Kat. Nr. 1). Der Heilige wurde häufig zusammen mit Laurentius dargestellt, dem Stadtpatron von Rom und neben Stephanus einem der wichtigsten der heiligen Diakone.

Damit wird die Bank als Diakonssitz gekennzeichnet. Sie besaß eine besondere Funktion während der Messe. Beim Absingen oder Abbeten be-

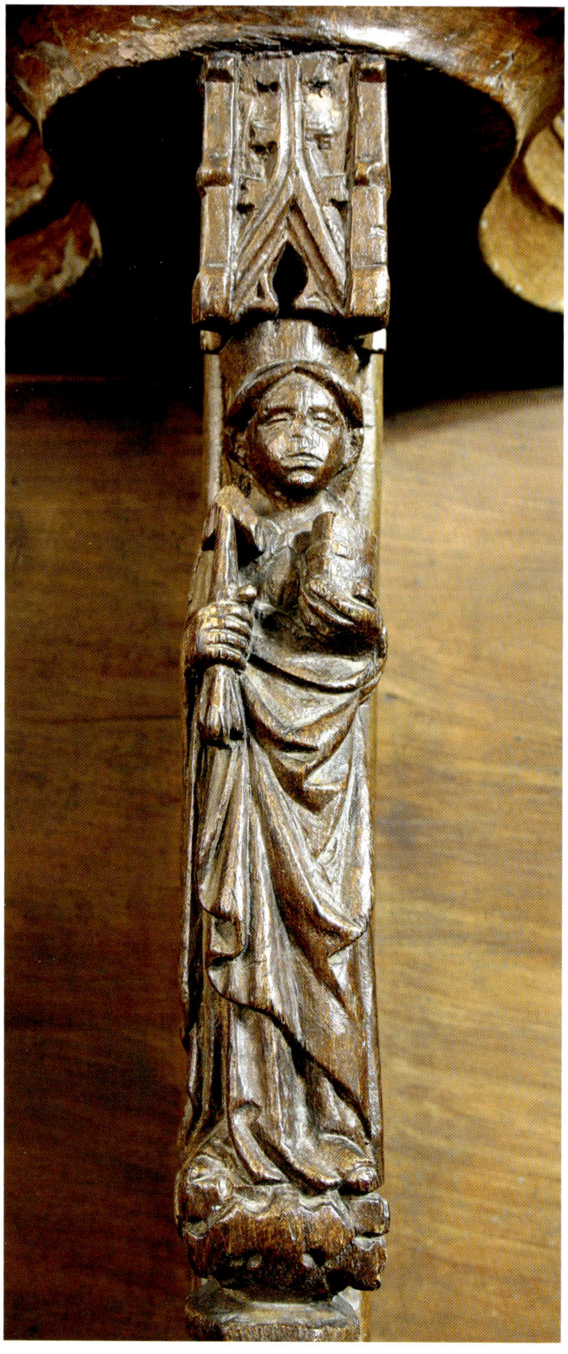

Abb. 11: Levitenstuhl. Bad Gandersheim, Stiftskirche. Detail: hl. Ursula

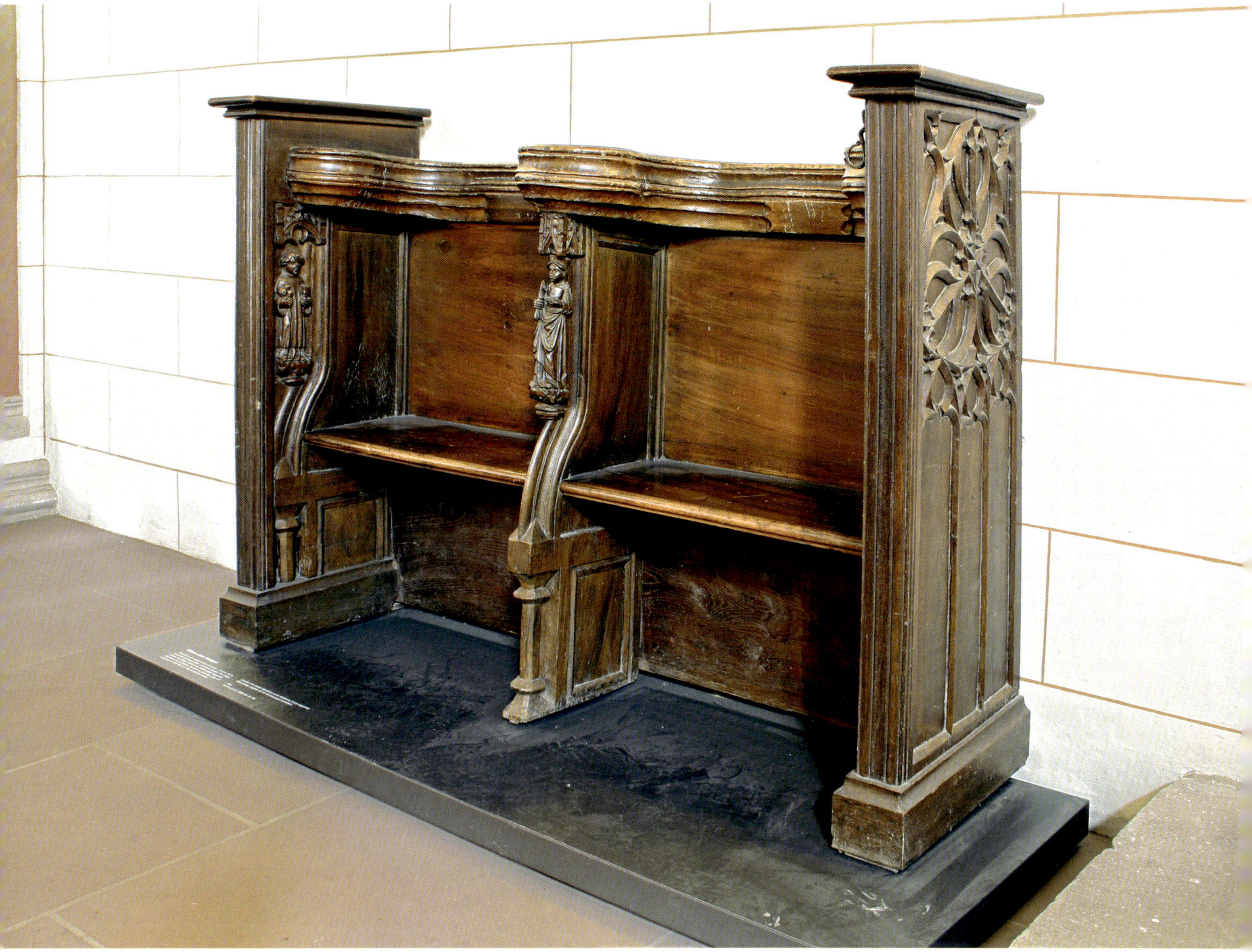

Abb. 12: Levitenstuhl. Bad Gandersheim, Stiftskirche. Gandersheim (?), um 1450

stimmter Teile setzte sich der Priester zusammen mit den beiden ihm assistierenden Diakonen auf besonders dafür geschaffene Sitze, die sogenannten Sedilien. Meistens handelte es sich dabei um einen Dreisitz, bei dem der mittlere dem Priester vorbehalten und durch reiche Verzierungen betont war. In Gandersheim dagegen haben Priester und Diakone getrennt gesessen. In diesem Fall wird der Diakonssitz als Levitenstuhl bezeichnet, da die Diakone nach den Mitgliedern des alttestamentlichen Stammes der Leviten benannt wurden, die den Kultdienst im Tempel verrichteten.

Der Levitenstuhl ist älter als das 1532 gefertigte Gestühl. Maßwerkformen und Gewandstil der Figuren deuten auf eine Entstehung um 1450. Ähnlich wie am Triumphkreuz der Georgenkirche (vgl. Kat. Nr. 3) zeigen die Gewänder noch Motive des „Weichen Stils“, die hier aber bereits in härtere Formen gebrochen sind. Der Levitenstuhl könnte als Arbeit eines Möbeltischlers durchaus vor Ort in Gandersheim entstanden sein.

Lit.: Harenberg 1734, S. 1631. – BuKd Gandersheim, S. 137. – Scheffler 1952, S. 14. – DEHIO, S. 152. – Gepp 2008, S. 23.

Kat. Nr. 5

Clus, ehemalige Klosterkirche St. Maria und St. Georg Retabel des Hochaltars

Lübeck, 1487
Triptychon. Eiche, Fassung und Tafelmalerei bis auf winzige Reste verloren, Predella zwischen 1935 und 1964 zerstört, ursprünglich dazugehörige Büsten heute auf Konsolen im Chor aufgestellt. 1964 Restaurierung durch Fritz Herzig in Braunschweig: Schrein neu gefaßt, Figuren und Reliefs größtenteils neu montiert, diverse Detailergänzungen
Schrein: H.: 205 cm, B.: 187 cm, T.: 20,5 cm; Predella: H.: 102 cm
Abb. 13–17

Das Cluser Retabel ist der größte Altaraufsatz in Gandersheim und zugleich der einzige, der sich am originalen Standort erhalten hat. Es handelt sich um ein Triptychon, also um ein Retabel mit nur einem Paar von Flügeln. Leider sind die Malereien auf den Außenseiten zerstört, so daß man das Darstellungsprogramm nur noch anhand der plastischen Arbeiten im geöffneten Zustand rekonstruieren kann.

Ihr Sinnzusammenhang erklärt sich über eine heute nicht mehr erhaltene Inschrift: *Altare summum consecratum est beatae Mariae Virgini, cuius dedicatio celebratur Dominica post Dionisii* (BuKd Gandersheim, S. 60). – *Der Hochaltar, dessen Weihe am Sonntag nach Dionisi gefeiert wird, ist der Jungfrau Maria geweiht.* Auf den Flügeln des Retabels wird die Kindheitsgeschichte Christi dargestellt, entsprechend der Bedeutung Mariens als Mutter Gottes. Der Zyklus beginnt links oben auf dem linken Flügel mit der Verkündigung, rechts folgt die Geburt Christi. Die Darstellung beruht auf einer Vision der hl. Birgitta von Schweden, nach der das auf dem Gewand seiner Mutter ruhende Kind von den Eltern angebetet wurde. Links darunter befindet sich die Anbetung der Könige, rechts die Beschneidung im Tempel. Sie nimmt das Opfer Christi vorweg, an das am Altar mit der Messe erinnert wird. Die eher selten dargestellte Szene zeigt am rechten Rand die ungewöhnliche Figur eines sogenannten Mochels, eines bei der Beschneidung assistierenden Tempeldieners. Das Gefäß in seinen Händen erinnert bewußt an ein Ciborium, an ein Hostienbehältnis. In ihm soll als Teil des Körpers Christi die abgeschnittene Vorhaut verwahrt werden. Die Beschneidung ähnelt als Bildtypus der Darbringung im Tempel. In den meisten Zyklen zur Kindheitsgeschichte Christi wird aus Platzgründen nur eine der beiden Szenen dargestellt. Am Cluser Retabel verweist nur die links außen stehende Magd auf die Darbringung. Sie trägt einen Korb mit zwei jungen Tauben, die nicht nach der Beschneidung, sondern nach der Darbringung geopfert werden.

Auf dem rechten Flügel befindet sich links oben die Flucht nach Ägypten, gefolgt vom Kindermord in Bethlehem. Links unten sieht man den zwölfjährigen Jesus, der im Tempel mit den Gelehrten diskutiert. An der Tür lauschen Maria und Joseph, die das verschwundene Kind gesucht hatten. Der Zyklus endet wie bei den meisten Marienaltären mit dem Tod der Gottesmutter, bei dem sich sämtliche Apostel in einer wundersamen Eile versammelt hatten. Johannes, der Lieblingsjünger Christi, reicht Maria eine Sterbekerze.

Die Reliefs auf den Flügeln illustrieren den Text der Bibel und die damit verbundenen Legenden, im Schrein dagegen wird auf die symbolische Bedeutung verwiesen. Den Marienlegenden zufolge wurde die Gottesmutter in den Himmel aufgenommen, wo sie gekrönt und inthronisiert wurde. Im Zentrum des Schreins sieht man dementsprechend Christus und Gottvater, die der zwischen ihnen thronenden Maria eine Krone aufs Haupt setzen. Über ihr schwebt der Heilige Geist in Form

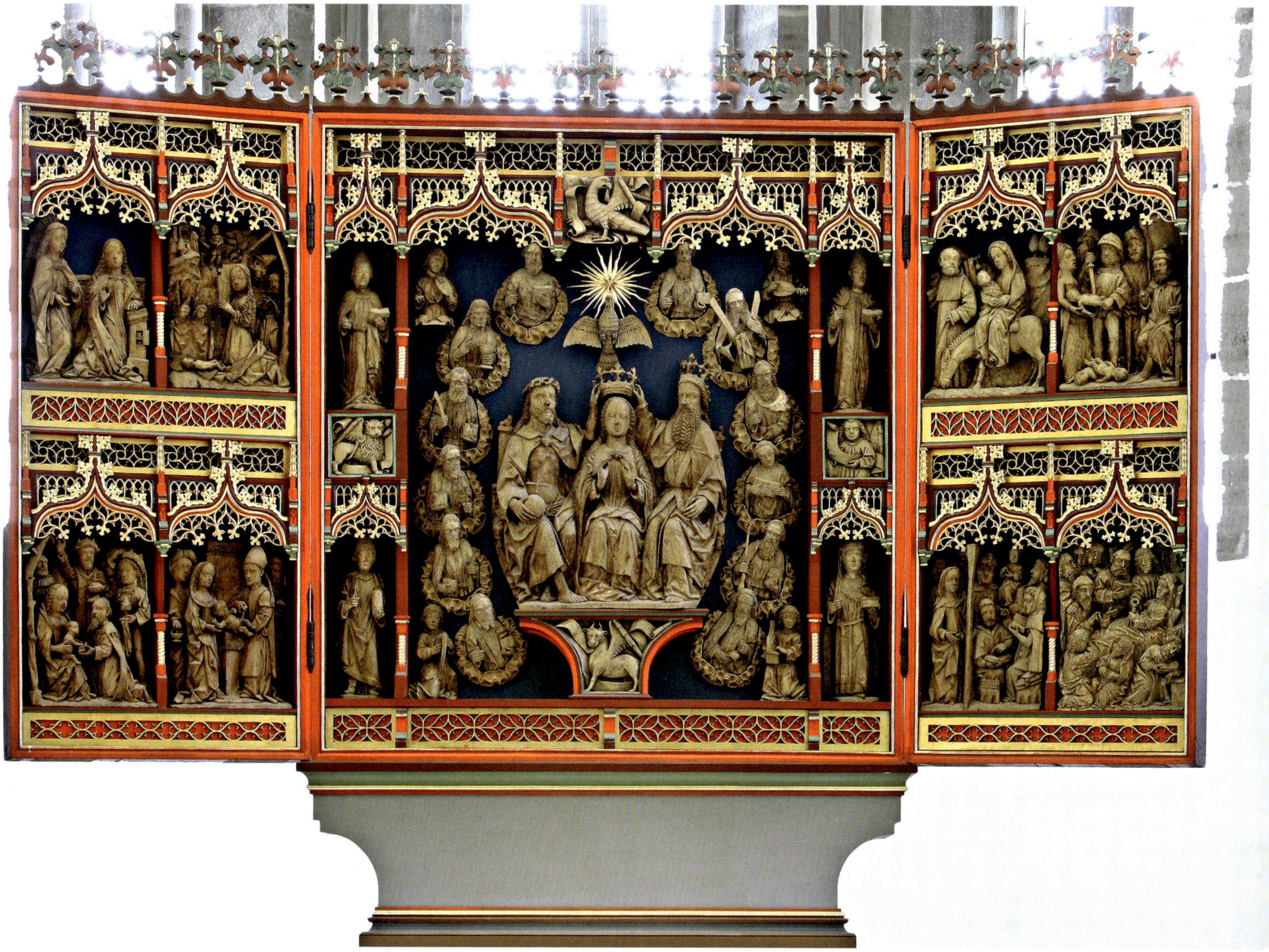

Abb. 13: Hochaltarretabel. Clus, Klosterkirche. Geöffneter Zustand. Lübeck, 1487

der Taube, als Teil der bildlich nicht darstellbaren Dreieinigkeit Gottes. Die Gruppe ist von einem Ring von Halbfiguren der zwölf Apostel umgeben, der Zeugen Christi, die in Wolkenkränzen schweben. In den Ecken des Schreins befinden sich vier Engel mit Musikinstrumenten, mit Viola, Laute, Harfe und einer kleinen Handorgel. Die Instrumente verweisen auf die in unterschiedliche Chöre aufgeteilte Schar der Engel.

Die Marienkrönungsgruppe wird von einem Podest getragen, in dem sich das Symbol des Evangelisten Lukas befindet, der Stier. Im Lukasevangelium findet sich die ausführlichste Darstellung der Kindheitsgeschichte Christi. Lukas soll auch der Urheber einer berühmten Ikone im Sinaikloster gewesen sein, die das Aussehen Mariens überlieferte. Seine Darstellung – bildlich wie textlich – bestimmt also unsere Vorstellung von der Gottesmutter, genau wie sie auch ihr Bild im Schrein des Cluser Retabels trägt.

Mit den Evangelien wurde das neutestamentliche Geschehen in der Welt verbreitet. Dementsprechend reichen die Symbole der anderen Evangelisten in den Randbereich des Schreins, wo sich in einer architektonischen Rahmung die Figuren von vier der in Clus verehrten Heiligen befinden.

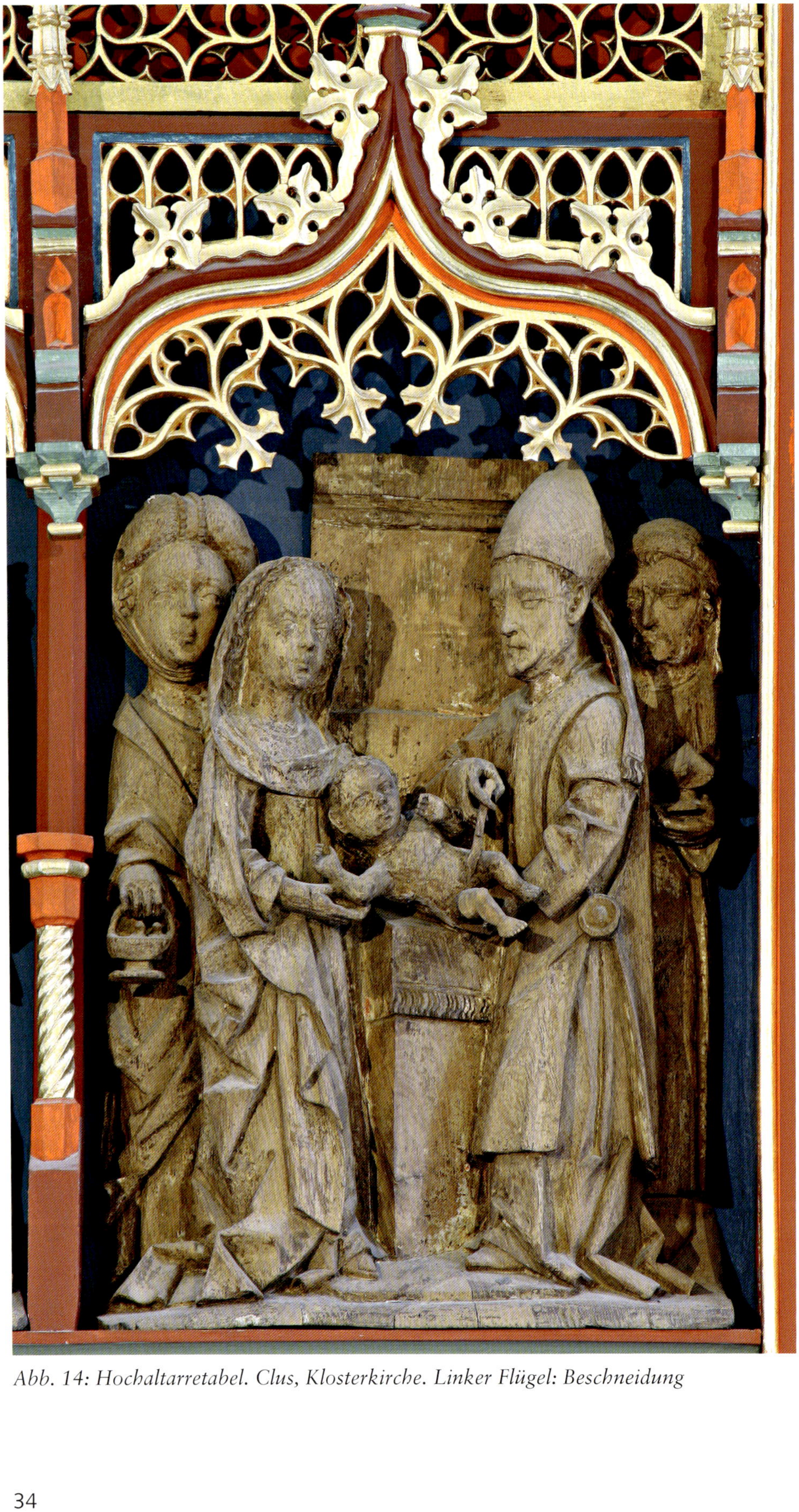

Abb. 14: Hochaltarretabel. Clus, Klosterkirche. Linker Flügel: Beschneidung

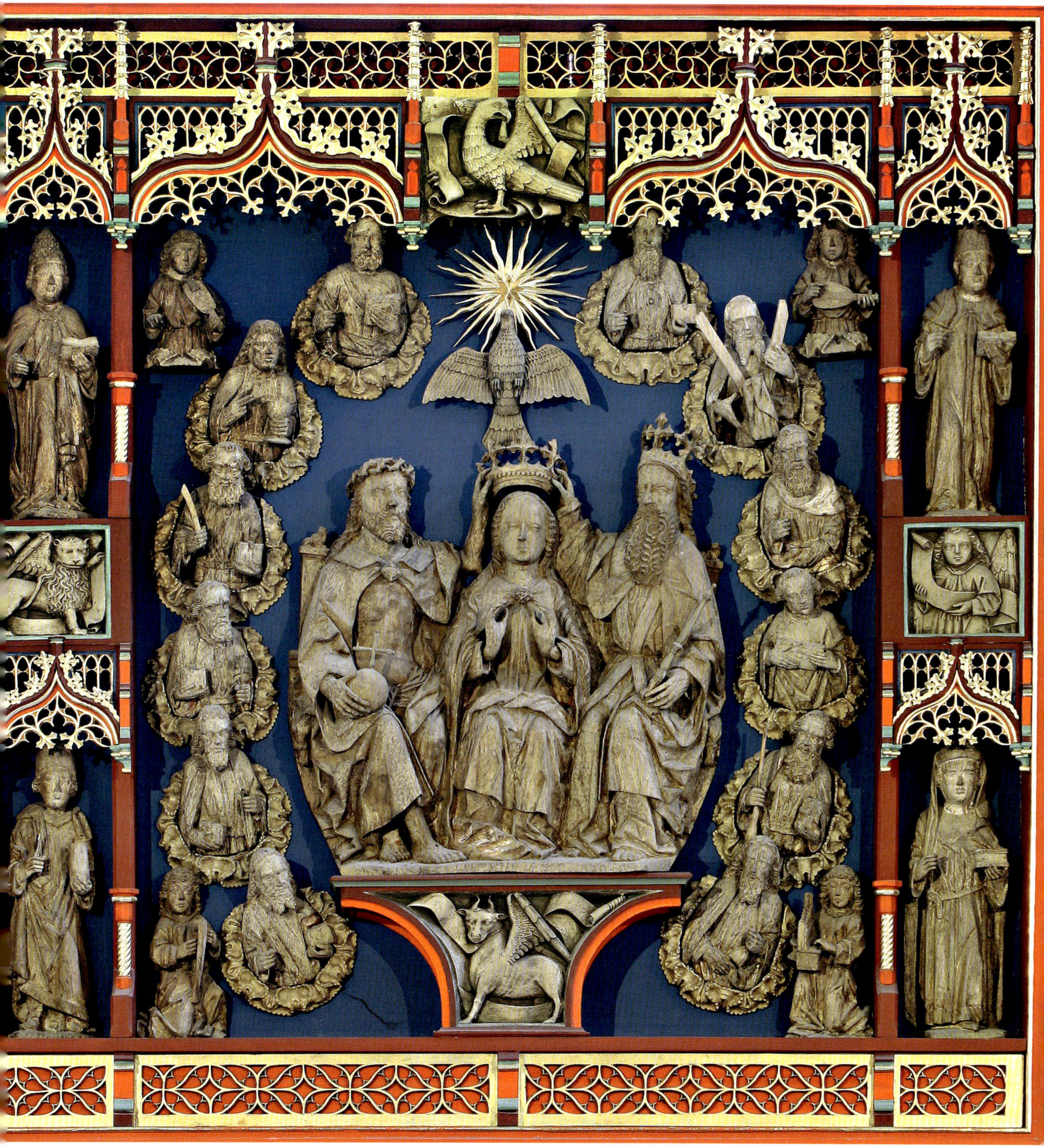

Abb. 15: Hochaltarretabel. Clus, Klosterkirche. Schrein

Sie vertreten die sich zur Kirche bekennenden Christen. Oben links steht eine Papstfigur, mit der wahrscheinlich Innozenz I. gemeint sein dürfte, der Schutzpatron der Gandersheimer Stiftskirche. Der auf der rechten Seite dargestellte Abt könnte Benedikt von Nursia sein, der Begründer des Benediktinerordens, dem auch der Cluser Gründungskonvent angehörte. Die beiden unten befindlichen Figuren zeigen wahrscheinlich die Arztheiligen Cosmas und Damian, die Ende des 15. Jahrhunderts in Clus besondere Verehrung fanden.

Die Beschreibung zeigt deutlich, wie komplex die Sinnbezüge in dem auf den ersten Blick so schlicht wirkenden Altar gedacht gewesen sind. Ursprünglich befanden sich weitere Figuren auf den kleinen Konsolen zwischen allen Nischen, mit denen der thematische Kontext noch weiter gespannt war. Auf den Außenseiten der Flügel dürften Szenen aus der Kindheitsgeschichte Mariens dargestellt gewesen sein, die als Vorgeschichte des Zyklus im Schrein dienten.

Das Retabel ist nur noch in Resten erhalten geblieben. Es muß erstaunen, daß es nach der Reformation wegen seines spezifisch katholischen Themas nicht zerstört wurde. Man scheint die alte Kirchenausstattung jedoch über lange Zeit noch sehr geschätzt zu haben. Dem Retabel fügte man sogar das ehemalige Triumphkreuz als Aufsatz hinzu (vgl. Kat. Nr. 6). Es wurde erst im 20. Jahrhundert zerstört, als man auch den Altar in entscheidenden Punkten veränderte, trotz eines zunehmenden Bewußtseins für seinen historischen Wert.

Bei einer Restaurierung 1964 wurde die Reihenfolge der Reliefs verändert. Ursprünglich war die Beschneidung im linken Flügel links außen und damit chronologisch korrekt vor der Anbetung der Könige angeordnet. Bei der Restaurierung hat man die Beschneidung jedoch mit der Darbringung im Tempel verwechselt, die zeitlich der Anbetung folgen würde, auf die in Clus jedoch nur durch die Dienerin mit den Tauben hingedeutet wird. Auf dem rechten Flügel wurde die Erzählung ursprünglich unten fortgesetzt, die Reliefs wurden also mit den oberen vertauscht.

Lassen sich diese Veränderungen problemlos revidieren, so wiegt der Verlust der originalen Predella, des unter dem Retabel befindlichen Unterbaus, um so schwerer. Sie war als querrechteckiger Kasten ausgebildet, der in sechs Fächer unterteilt war (Abb. 16). In ihnen befanden sich ursprünglich sechs etwa lebensgroße Büsten von Heiligen, von denen heute noch vier erhalten geblieben sind. Auf alten Fotos sind am Rahmen der Predella Renaissanceornamente zu erkennen, die auf einen nachträglichen Umbau schließen lassen. Sie führten wahrscheinlich dazu, die Predella als nicht originalen Bestandteil des Retabels einzustufen, was zu ihrer Zerstörung führte. Die erhaltenen Büsten sind an den Seiten des Chores auf Konsolen aufgestellt worden.

Man hat versucht, dieses nur wenig bekannte Retabel als eine Braunschweiger Arbeit zu bestimmen, als ein Werk des Bildschnitzers Cord Borgentrik. Die Überlegung lag nahe, da Braunschweig zu den wichtigsten Kunstzentren im näheren Umkreis gehörte und viele Werke von dort nach Gandersheim geliefert wurden. Das Retabel stammt jedoch aus einem anderen Kunstkreis.

Zwischen 1523–32 schrieb der Cluser Mönch Heinrich Bodo die Chronik seines Klosters. Dort heißt es: *Adornato fratrum choro et aliud ornamentum inferre curavit divino honori consonum, dico autem tabulam illam in summo altari locutam. Hanc in cesarea civitate lubicensi factam et per fautores illic nostros ab artifice emptam gaudens pius pater Clusam advexit anno domini 1487. Empta autem fuit centum et septuaginta florenis* (Herbst 1932, S. 56). – *Nachdem der Chor der Brüder ausgeschmückt war, besorgte er* [gemeint ist der amtierende Abt Wedego Rese] *noch ein anderes passendes Ausstattungsstück zur göttlichen Ehre, nämlich jene besagte Tafel auf dem Hochaltar. Zu seiner Freude brachte der fromme Abt diese in der kaiserlichen Stadt Lübeck hergestellte und dort durch unsere Gönner von dem Künstler gekaufte* [Tafel] *im Jahre des Herrn 1487 nach Clus. Der Kaufpreis aber betrug 170 Gulden.*" Die

Abb. 16: Hochaltarretabel. Clus, Klosterkirche. Historische Aufnahme 1910

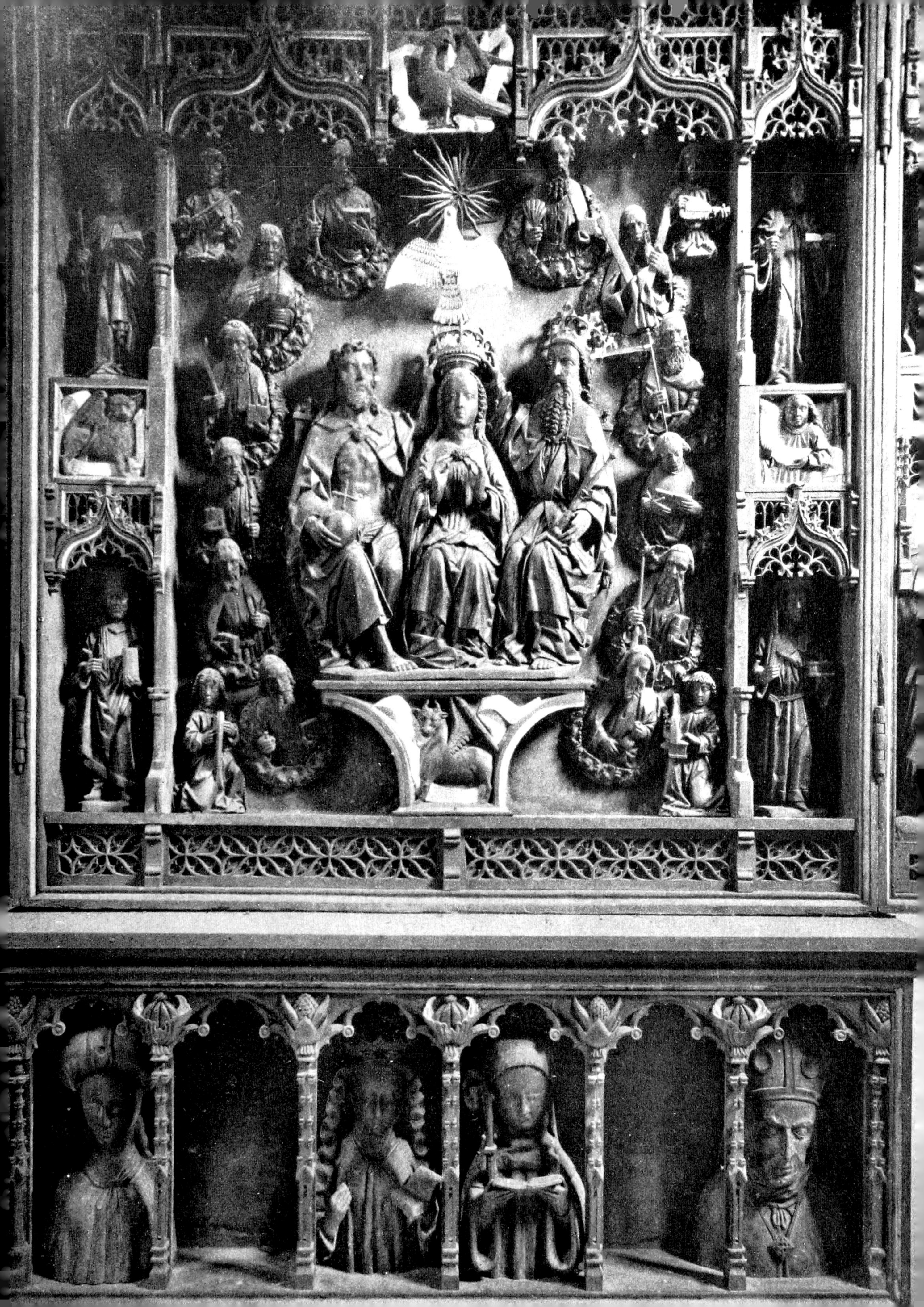

Lieferung aus Lübeck ist ungewöhnlich, da es einfacher gewesen wäre, den Auftrag in näher gelegene Orte zu vergeben. Die Herkunft erklärt sich über die engen persönlichen Beziehungen zu den Hansestädten.

Anfang des 15. Jahrhunderts befand sich Clus in einem von persönlichen Zwistigkeiten bestimmten Niedergang, der 1430 zu umfassenden Reformbestrebungen führte, die als sogenannte Bursfelder Kongregation großen Einfluß auf das klösterliche Leben in Deutschland nahmen. Durch eine geschickte Geldpolitik gelang es, das vollkommen heruntergewirtschaftete Kloster zu retten. Einen entscheidenden Anteil daran hatte der Cluser Donat Johannes Buxtehude. Er stammte aus der gleichnamigen Stadt bei Hamburg und konnte auf weitreichende Kontakte zu den Hansestädten zurückgreifen, aus denen in den folgenden Jahrzehnten bedeutende Spenden an das Kloster ergingen. Dem wirtschaftlichen Aufschwung folgte die Vergrößerung des Konventes, die im letzten Drittel des 15. Jahrhunderts zu baulichen Veränderungen der Kirche führte. Unter Abt Wedego wurde mit Hilfe von Lübecker Spendengeldern zwischen 1485 und 1487 der Chor erweitert und mit neuen Ausstattungsstücken verziert.

Lübeck gehörte im Mittelalter zu den bedeutendsten Kunstzentren des Nordens. Über die Hanse wurden große Mengen an Retabeln nach Skandinavien bis ins Baltikum hinein exportiert. Der Bildschnitzer des Cluser Retabels ist namentlich nicht bekannt. Aus seinem engsten Umkreis lassen sich aber einige Werke in nah benachbarten Orten in Jütland nachweisen: die Reste eines Marienretabels in der Hospitalskirche von Horsens, ein Marienretabel in Skærup bei Vejle und ein Heiligenretabel in Skjern, das allerdings bereits einen deutlichen Entwicklungsschritt auf die Kunst um 1500 erkennen läßt. Diese Werke sind stilistisch und motivisch direkt mit Clus verbunden. In Horsens finden sich die Verkündigung (Abb. 17), Geburt, Anbetung und Marienkrönung in eng vergleichbaren Szenen, in Skærup ein ähnlicher Kranz von Apostelbüsten im Schrein ebenso wie Verkündigung und Anbetung. Und das Spätwerk in Skjern zeigt immer noch dieselben Figurentypen.

Für die ursprünglich in Clus vorhandene Predella mit den Heiligenbüsten gibt es bei lübischen Werken hingegen kaum Vergleichbares. Derartige Konstruktionen sind an älteren Altären im westdeutschen Raum verbreitet gewesen und finden ihre Begründung in einem intensiven Reliquienkult. Als bedeutendste Stadt im Rheinland besitzt Köln eine bis in die Antike zurückreichende Vergangenheit. Die unzähligen im Mittelalter bei Bauvorhaben aufgedeckten Gebeine alter Friedhöfe wurden der hl. Ursula und ihrem Gefolge der elftausend Jungfrauen zugeschrieben und dementsprechend als Reliquien verehrt. Sie wurden bevorzugt in halbfigurigen Büsten deponiert und gereiht in den Predellen der Retabel aufgestellt. In Clus gelang es während der Amtszeit von Abt Wedego, das Haupt einer der Jungfrauen zu erwerben, das man im Hochaltar deponierte. Er besaß eine 1910 noch erwähnte rückwärtig von einer Tür verschlossene Kammer, die später vermauert wurde. Aufgrund dieser Reliquie wurde dem lübischen Retabel wahrscheinlich eine Predella nach rheinischer Tradition hinzugefügt. Die heute noch erhaltenen Heiligenbüsten zeigen einen Bischof, eine Äbtissin, eine Prinzessin und eine in bürgerlicher Kleidung dargestellte Frau. Letztere enthielt ursprünglich eine Reliquie, die von vorne durch eine Fassung einsehbar war. Sie wurde wegen ihres materiellen Wertes nach der Reformation herausgebrochen, die Höhlung durch eine Holzplatte verschlossen. Vermutlich stellte die Büste eine der elftausend Jungfrauen dar. Auch mit der Prinzessin könnte eine Gefährtin der hl. Ursula gemeint gewesen sein.

Der Ursulinenkult fand aufgrund der großen Zahl an Reliquien weite Verbreitung. Die beiden anderen erhaltenen Büsten in Clus beziehen sich dagegen auf relativ unbekannte Heilige, die nur an wenigen Orten verehrt wurden. Nach langen Verhandlungen konnte Abt Wedego den Kopf des hl. Lullus, eines im 8. Jahrhundert verstorbenen Bischofs von Mainz, erwerben, dessen Leichnam sich in der Gandersheimer Stiftskirche befand. Auf ihn dürfte sich die Büste des Bischofs beziehen, die ursprünglich, genauso wie die Jungfrauenbüste, eine heute verlorene Reliquie enthielt. Die Darstellung einer Äbtissin dagegen ist bei einer Heiligenbüste

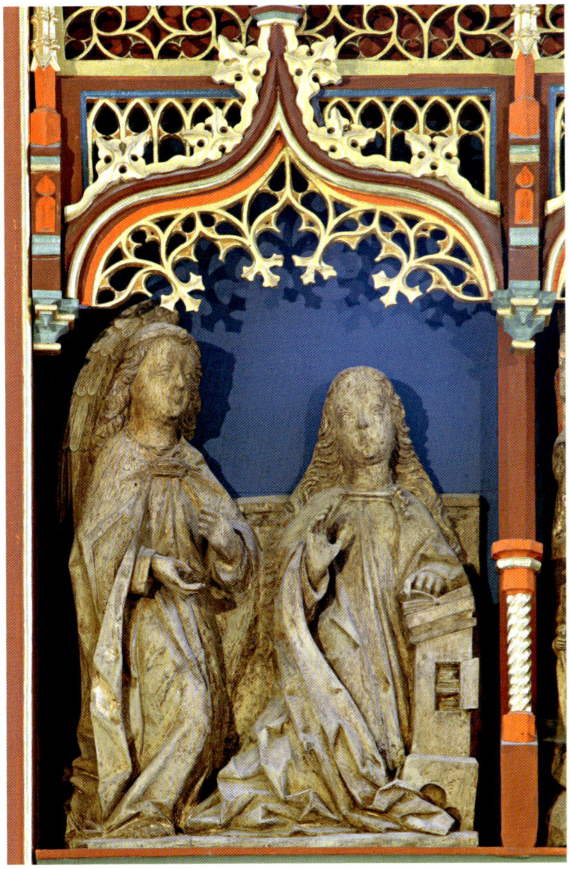

Abb. 17: Hochaltarretabel. Clus, Klosterkirche. Linker Flügel: Verkündigung

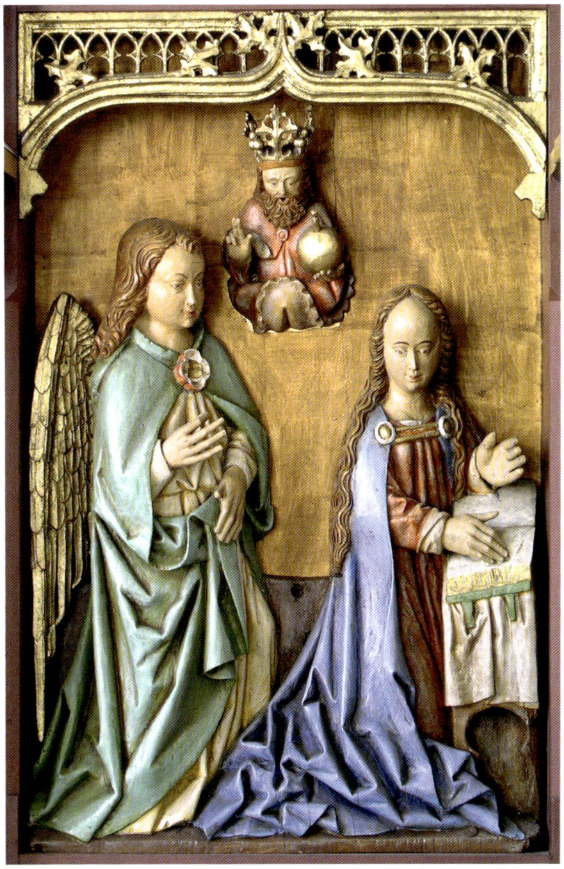

Abb. 18: Verkündigung eines Marienretabels. Horsens (Jütland), Hospitalkirke. Lübeck, letztes Drittel 15. Jahrhundert

äußerst ungewöhnlich. Mit ihr kann eigentlich nur die Anfang des 14. Jahrhunderts im niederländischen Zisterzienserinnenkloster Herkenrode verstorbene Elisabeth von Spalbeek gemeint sein, deren Verehrung allerdings nur auf wenige Klöster des Ordens beschränkt war und in Clus nicht nachgewiesen werden kann.

Auch wenn die Büsten künstlerisch schwache Werke sind, bedeutet die Zerstörung der Predella einen herben Verlust, da sie in Kombination mit dem Retabel speziell für den Bestimmungsort angefertigt wurde. Sie spiegelt die besondere Heiligenverehrung in Clus wider und findet in ihrer Vermischung verschiedener künstlerischer Traditionen kein vergleichbares Werk.

Lit.: BuKd Gandersheim, S. 58ff. – Herbst 1932, S. 56ff. – Schneider 1932. – Struck 1932. – Wentzel 1935. – Stuttmann/von der Osten 1940, S. 71, 100. – Griep 1961, S. 42. – Kronenberg K. 1966, S. 47ff. – Goetting 1974, S. 176f. – DEHIO, S. 367. – Gepp 2008, S. 67.

Kat. Nr. 6

Stiftskirche St. Anastasius und Innocentius
Westwand des südlichen Querhauses
Triumphkreuz der Klosterkirche Clus

Niedersachsen (?), um 1485
Holz (Eiche?), massiv, Fassung zerstört. Kreuz, Arme und Perücke samt Dornenkrone verloren, Kopf und Füße samt Suppedaneum stark bestoßen, Spannungsrisse an Kopf und Brust (mit alter Ausspänung)
2005 auf einer mit kreuzförmiger Aussparung versehenen Plexiglasplatte montiert
H.: 153 cm
Abb. 19, 20

Das Triumphkreuz aus Clus vertritt einen anderen künstlerischen Anspruch als dasjenige der Georgenkirche (vgl. Kat. Nr. 3). Hier ist eindeutig der tote Christus dargestellt. Die Augen sind geschlossen, der Kopf ist auf die Schulter gesunken, das Gewicht zieht den Körper nach vorne, so daß die Beine einknicken. Während der Bildschnitzer die Formen an dem Kreuz in St. Georg formal einander anglich, wird die Oberflächenstruktur von Haut und Gewand hier deutlich unterschieden. Das knappe Lendentuch, das nur noch an der linken Seite einen längeren Zipfel aufweist, ist in noch stärkere Falten geknickt als in St. Georg. Der Körper dagegen zeigt keine Härten mehr. Die Haut liegt weich über dem Brustkorb, der Rippenbogen zeichnet sich nicht als Grat, sondern als leichte plastische Wölbung ab. Auf die Darstellung der straffgespannten Haut wird verzichtet, statt dessen werden die Muskelzüge unter den Achseln betont. Der Körper des Cluser Christus orientiert sich an der Anatomie des Menschen bis hin zum Verlauf der Adern an den Beinen. Die Formen am Georgenkruzifixus dagegen sind mehr nach grafischen Gesichtspunkten vereinheitlicht worden. Dessen abstrahierte Körperdarstellung entspricht der theologischen Konzeption, am Cluser Christus hingegen zielt alles auf einen möglichst realistischen Eindruck. Während der Bart summarisch geschnitzt im Holz angelegt ist, trug der kahle Kopf ursprünglich eine Perücke mitsamt der Dornenkrone.

Das Kruzifix war in Clus nicht im Triumphbogen aufgehängt, sondern als Teil einer Figurengruppe auf dem Lettner aufgestellt, einer Wand, mit der das Langhaus vom Chor abgetrennt war, und stand damit in sinnvoller Beziehung zu dem davor befindlichen Kreuzaltar. Der Lettner wurde im Zuge der Chorerweiterung 1485–87 umgebaut. Gleichzeitig gab man wahrscheinlich auch die Triumphkreuzgruppe in Auftrag. Eine Beschreibung von 1675 nennt als Bekrönung *Christi Bildniß am Creutz zwischen der Mutter Gottes und Maria Magdalena in Holtz verfertiget* (Goetting 1974, S. 175). Von den Begleitfiguren ist nichts erhalten geblieben. Die in der Beschreibung nicht erwähnte Johannesfigur dürfte bereits im 17. Jahrhundert zerstört gewesen sein.

Die Darstellung Maria Magdalenas ist bei Triumphkreuzgruppen ziemlich ungewöhnlich. In selteneren Fällen findet sie sich kniend direkt unterhalb des Kreuzes Christi. Für eine davon frei aufgestellte Einzelfigur läßt sich nur ein einziges zeitgenössisches Beispiel anführen, das als unmittelbares Vorbild gedient haben wird, die 1477 geweihte Triumphkreuzgruppe im Lübecker Dom, die von der Werkstatt Bernt Notkes angefertigt wurde. Sie orientiert sich an spätromanischen Vorbildern, die sich in größerer Zahl in der näheren Umgebung von Gandersheim befunden haben,

Abb. 19: Triumphkreuz der Klosterkirche in Clus. Bad Gandersheim, Stiftskirche. Niedersachsen (?), um 1485

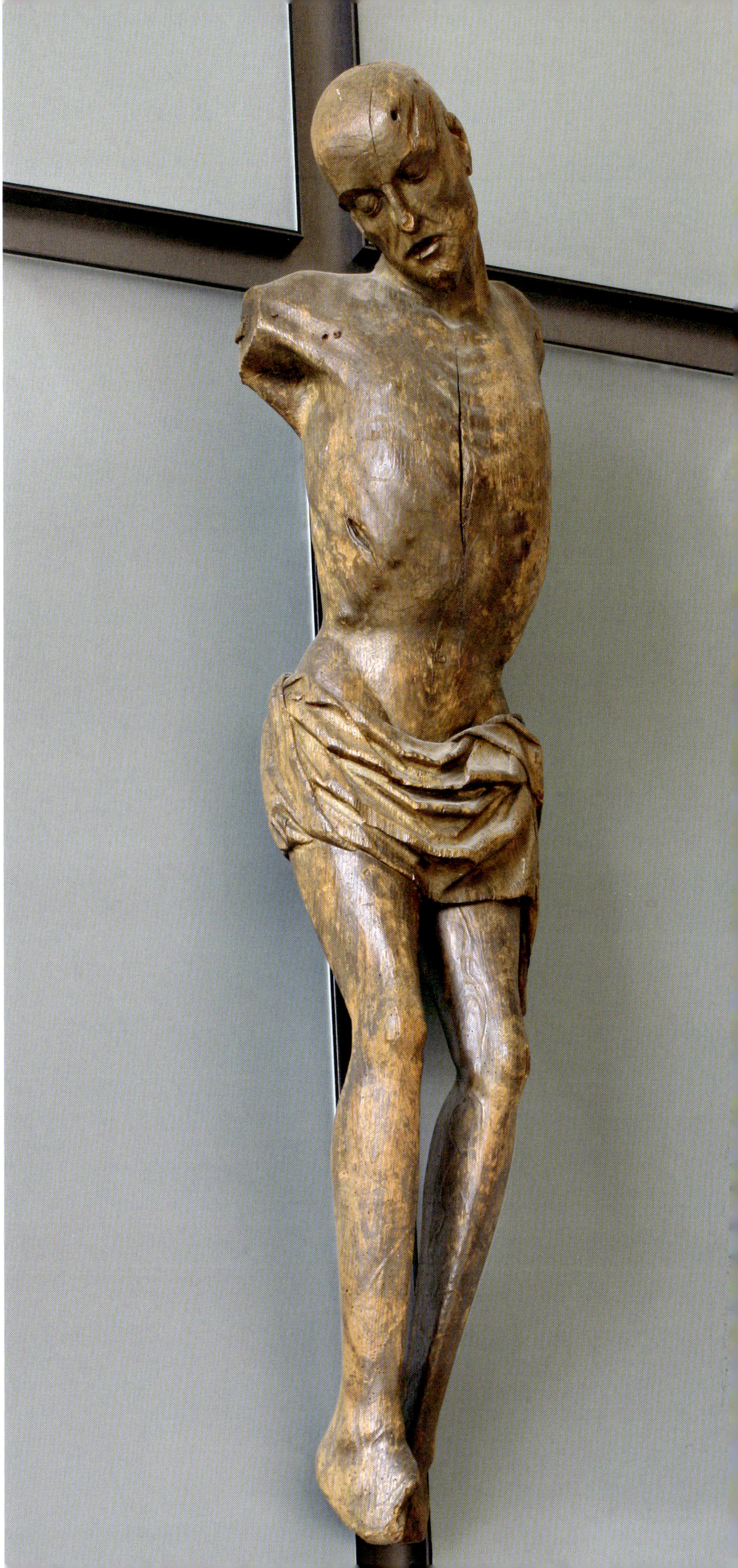

wie etwa die zerstörte Triumphkreuzgruppe des Braunschweiger Doms oder die noch erhaltene in Halberstadt. Auch dort gab es mehrere frei aufgestellte Einzelfiguren, Maria Magdalena findet sich jedoch nur in Lübeck. Clus verfügte seit der Mitte des 15. Jahrhunderts über enge Kontakte zu den Hansestädten, die durch großzügige Spenden den Ausbau der Klosterkirche ermöglichten. Da das etwa gleichzeitig entstandene Retabel für den Hochaltar aus Lübeck angekauft wurde (vgl. Kat. Nr. 5), darf man in Clus auch die Kenntnis der dortigen Triumphkreuzgruppe voraussetzen.

Die aufwendige Gestaltung der Cluser Gruppe findet ihren Vorläufer aber bereits in dem nur unwesentlich älteren Triumphkreuz der Kirche, das sich in Teilen bis ins 20. Jahrhundert erhalten zu haben scheint. Im Kircheninventar wird 1910 ein Kruzifix beschrieben, das als Aufsatz auf dem Retabel im Chor der Kirche befestigt war: *ein großes Kreuz, belegt mit runden, halbkreisförmig heraustretenden Vertiefungen, die Armenden bilden aus demselben Motiv einen Vierpaß, der in der Mitte mit einer durchsichtigen blauen, in den Vierteln mit einer roten Glasscheibe gefüllt ist. Ebenso auf dem Schnittpunkt der Arme ein viereckiges Feld mit durchsichtigem, blauem Glase* (BuKd Gandersheim, S. 59). Diese Aufstellung ist bereits 1750 dokumentiert, kann aber nicht ursprünglich für das Retabel entworfen worden sein, da die Proportionen nicht den spätgotischen Gepflogenheiten entsprechen. Von diesem Kreuz ist heute nichts mehr erhalten geblieben, es läßt sich aber anhand von alten Fotografien rekonstruieren. Die Balken wurden von einer Reihe von vertieften Medaillons flankiert und endeten in liegenden Vierpässen. Dieser Kreuztypus läßt sich seit dem 13. Jahrhundert nachweisen, im niedersächsischen Raum bei enger vergleichbaren Werken in der Mitte des 15. Jahrhunderts, etwa an einem Kreuz unbekannter Herkunft in der Niedersächsischen Landesgalerie in Hannover (Abb. 21, Inv. Nr. WM XXIII, 126 k). Mit seinen Maßen von etwa 180 x 110 Zentimetern war das verlorene Kreuz jedoch zu klein, um die in Gandersheim erhaltene Figur getragen haben zu können, da der Kopf des ursprünglich dort befestigten Corpus auf Höhe der Balkenkreuzung lag, die ihm als Nimbus diente. Es muß sich also um ein älteres Werk gehandelt haben, das im Zuge der Chorerweiterung seine Funktion verloren hatte und umgehängt wurde. Die Montage auf dem Retabel dürfte aus nachmittelalterlicher Zeit stammen.

Der Sinngehalt des älteren Cluser Kreuzes war im Vergleich zu demjenigen der Georgenkirche um einen ungewöhnlichen Aspekt erweitert. Die Vierpässe an den Enden waren ebenso wie die Balkenkreuzung durchbrochen gearbeitet und verglast. Diese *1850 in alter Weise erneuert[en]* Gläser imitierten einen Edelsteinbesatz, wie er an Gemmenkreuzen seit dem frühen Mittelalter nachweisbar ist. Mit Bezug auf verschiedene Bibeltexte wurden die Edelsteine oder Glasflüsse als christliche Symbole gedeutet, ihr Funkeln mit dem göttlichen Licht gleichgesetzt. Bei spätgotischen Kreuzen sind derartige Verzierungen jedoch unüblich, für die verglasten Medaillons in Clus läßt sich nichts Vergleichbares anführen. Die Vierpässe müssen aufgrund der ursprünglichen Aufhängung im Triumphbogen durch das Licht der Chorfenster die Figur stark überstrahlt haben, die Verglasung der Balkenkreuzung bildete den Heiligenschein hinter dem Kopf Christi. Die ungewöhnlich anspruchsvolle Konzeption dieses älteren Kreuzes dürfte einer der Gründe für die aufwendige Gestaltung der erneuerten Ausstattung gewesen sein.

Trotz der inhaltlichen Bezüge zeigt die in der Stiftskirche erhaltene Figur keine stilistischen Gemeinsamkeiten zur Lübecker Kunst. Dort findet sich weder die Körperhaltung mit den geknickten Beinen noch die Verwendung einer Perücke. Mit dem Versuch, das Aussehen des Gekreuzigten möglichst natürlich wirken zu lassen, wird an das emotionale Empfinden des Betrachters appelliert. Es geht um das Nachfühlen, um ein Mitleiden an der Kreuzigung, das sich auch in der breitgefächerten Passionsliteratur der Zeit nachweisen läßt. Die Wurzeln dieses neuartigen Realitätsbewußtseins

Abb. 20: Triumphkreuz der Klosterkirche in Clus. Bad Gandersheim, Stiftskirche. Detail

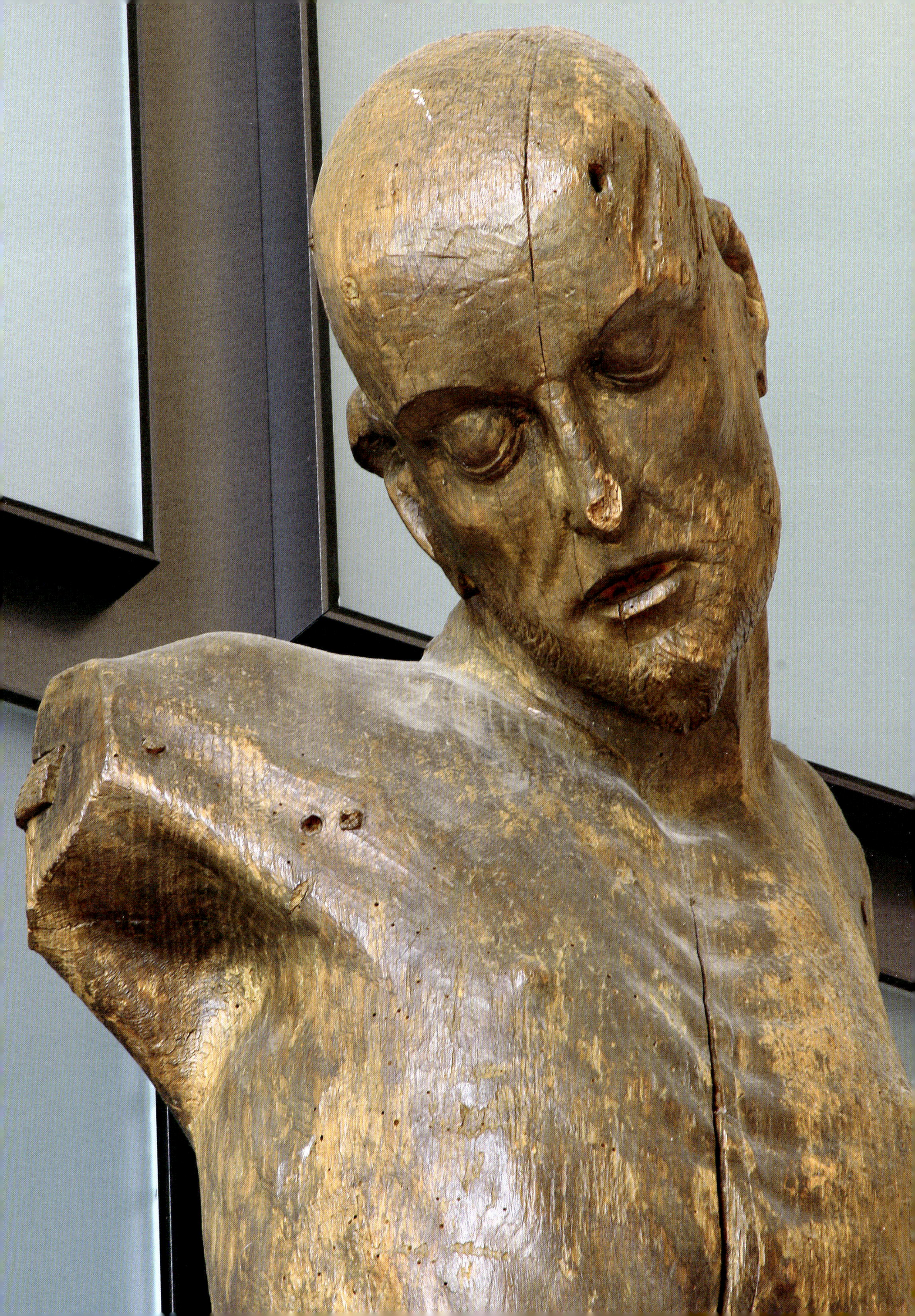

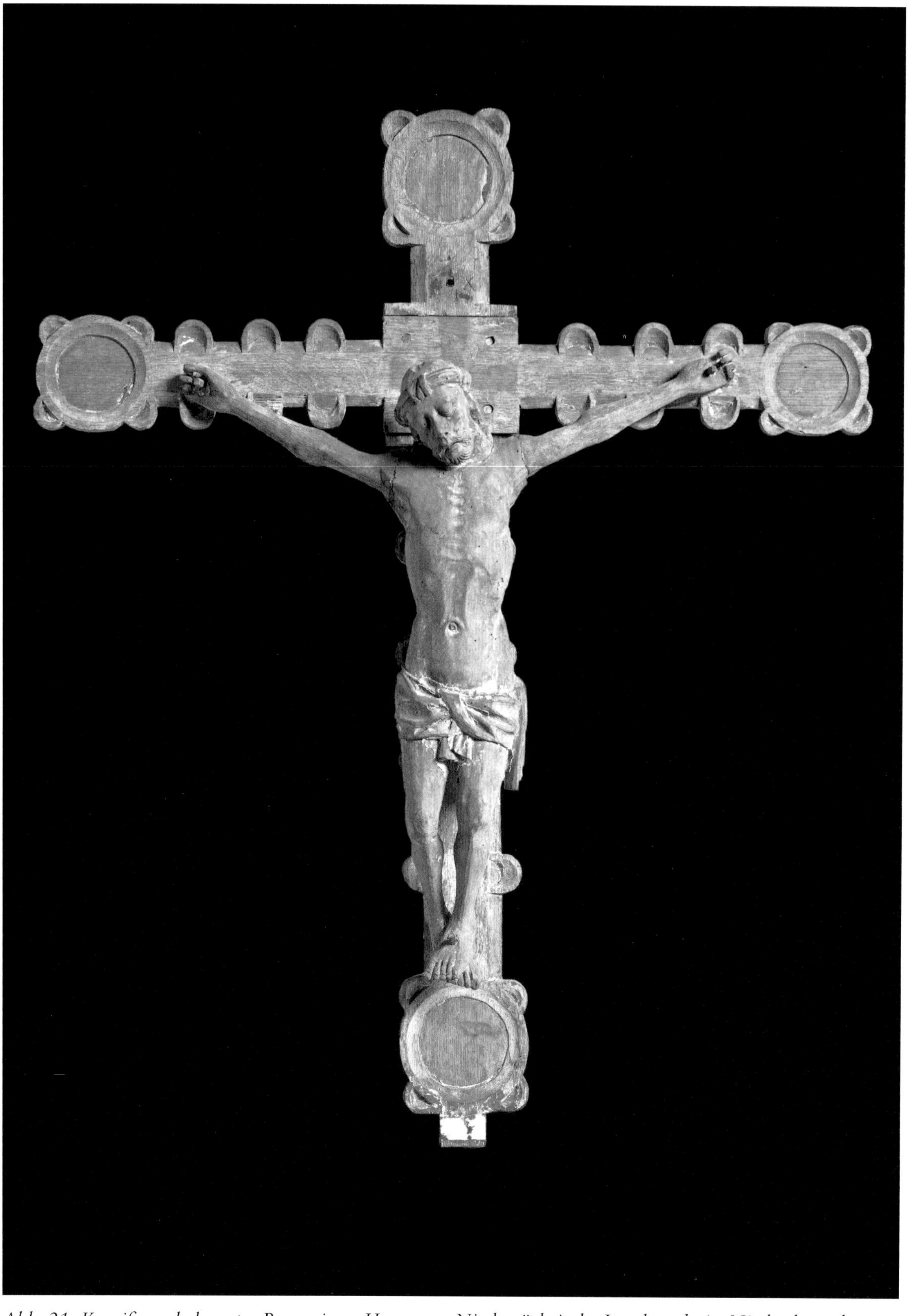

Abb. 21: Kruzifix unbekannter Provenienz. Hannover, Niedersächsische Landesgalerie. Niederdeutsch, Mitte 15. Jahrhundert

liegen im niederländischen Kunstkreis, der seit dem Beginn des 15. Jahrhunderts in zunehmendem Maße Einfluß auf die Entwicklung der deutschen Kunst nahm. Man hat einen Zusammenhang zur Kunst des aus Braunschweig stammenden und ab 1501 im sächsischen Raum tätigen Bildschnitzers Hans Witten sehen wollen. Die Triumphkreuzgruppe entstand jedoch in einer älteren Generation von Künstlern, von deren Kenntnissen Witten allenfalls profitiert haben könnte. In Nürnberg läßt sich ab den 60er Jahren eine bedeutende Produktion von Kruzifixen nachweisen, die gleichfalls mit Perücken ausgestattet waren und einen vergleichbaren Körperbau zeigen. Sie wurden in weitentfernte Gebiete exportiert und haben auch auf die Kunst im mitteldeutschen Raum Auswirkungen gehabt. Zu nennen wären etwa ein Kruzifix im Magdeburger Dom oder ein Torso auf der Veste Coburg. Aus dem Kontext dieser Werke stammt auch der Cluser Kruzifixus.

Lit.: BuKd Gandersheim, S. 59, 61. – Goetting 1974, S. 175. – Baumann/Gosebruch o. J., S. 35. – DEHIO, S. 152. – Gepp 2008, S. 22, 67.

Kat. Nr. 7

Stiftskirche St. Anastasius und Innocentius, Hochaltar Retabel vom Hochaltar der ehemaligen Moritzkirche in Gandersheim

Skulpturen: Cord Borgentrik, Braunschweig, um 1490
Tafelmalerei: Meister des Gandersheimer Dreikönigsaltars, Braunschweig, um 1490
Pentaptychon. Eiche, ursprüngl. Fassung größtenteils erhalten, Teilbereiche (insbesondere der Schreinkasten) 1958 überfaßt. Maßwerk und Kammfries in Teilen ergänzt, Predella neuzeitlich. Tafelmalerei gut erhalten, Firnis verbräunt
Schrein: H.: 113 cm, B.: 113 cm, T.: 13 cm
Abb. 22–28

Das Retabel stammt aus der ehemaligen Moritzkirche, die als Filialkirche von St. Georg der Pfarre diente. Dort wird 1432 der Hochaltar als *Vorderster,* [geweiht] *den hl. 3 Königen und der Barbara,* bezeichnet (BuKd Gandersheim, S. 203). Seit der Einführung der Reformation 1568 wurde die Kirche nicht mehr genutzt. Das Retabel versetzte man nach einem schweren Brand 1580 in die Georgenkirche, da die zerstörte Moritzkirche beim Wiederaufbau dem Rathaus angegliedert wurde. Seit den Renovierungsmaßnahmen des 19. Jahrhunderts befindet es sich in der Stiftskirche.

Es handelt sich um ein Pentaptychon, also um ein Retabel mit zwei Flügelpaaren. Anders als heutzutage waren die Flügel den überwiegenden Teil des Jahres geschlossen. Erst an den Sonntagen wurde das erste Flügelpaar geöffnet, das zweite nur an besonders hohen Feiertagen. Das Programm ist entsprechend seiner Bestimmung für den Hochaltar relativ ausführlich gestaltet.

Der geschlossene Zustand zeigt die Verkündigung an Maria. Die Spruchbänder, die über den beiden Figuren schweben, bezeichnen den Text des Lukasevangeliums: *ave gratia plena dominus tecum* auf Seiten des Engels – *Gegrüßet seist du, Holdselige! Der Herr ist mit dir* (Lk 1,28), *ecce ancilla domini fiat michi* [!] *secundu*[m] *verbum tuum* bei Maria – *Siehe, ich bin des Herrn Magd; mir geschehe, wie du gesagt hast* (Lk 1,38). Damit beginnt die Kindheitsgeschichte Christi, die auf den Innenseiten der Flügel fortgesetzt wird. Auf dem linken Außenflügel befindet sich oben die Heimsuchung, die Begegnung zwischen Maria und Elisabeth, der Mutter Johannes des Täufers, bei der Maria als Mutter des Heilands erkannt wird, da sich das Kind in Elisabeths Bauch freudig bewegt. Die im darunterliegenden Feld dargestellte Geburt Christi folgt genau wie in Clus (vgl. Kat. Nr. 5) einer Vision der hl. Birgitta von Schweden. Der rechte Außenflügel zeigt oben die Anbetung der Könige und unten die Beschneidung des Kindes im Tempel, bei der wie in Clus ein Mochel assistiert.

Während die Außenflügel die Menschwerdung Christi illustrieren, verweisen die Innenflügel auf deren heilsgeschichtliche Bedeutung. Der linke Flügel zeigt eine Messe Papst Gregors des Großen (590–604), bei der sich die geweihte Hostie in den Leib Christi verwandelte, weil eine Frau Zweifel daran bekundet hatte, daß der Leib des Herrn in der Hostie gegenwärtig sei. Vor dem im Gebet knienden Papst steht auf dem Altar die nur mit einem Lendentuch bekleidete Figur Christi, aus dessen Wundmalen das Blut in den Kelch fließt. Damit wird die Bedeutung des Meßopfers verdeutlicht, das am Altar das Opfer Christi am Kreuz wiederholt und damit das Heilsversprechen erneuert. Maria trägt als Mutter des Heilands dieses Heilsversprechen in sich. Sie wurde daher mit der Kirche gleichgesetzt, die der Gemeinschaft der Gläubigen Schutz bietet, im übertragenen Sinne als Institution, aber auch konkret als Gebäude, in dem die Anwesenden der weltlichen Gerichtsbarkeit entzogen waren. Diese Funktion wird durch die sogenannte Schutzmantelmadonna auf dem rechten Innenflügel symbo-

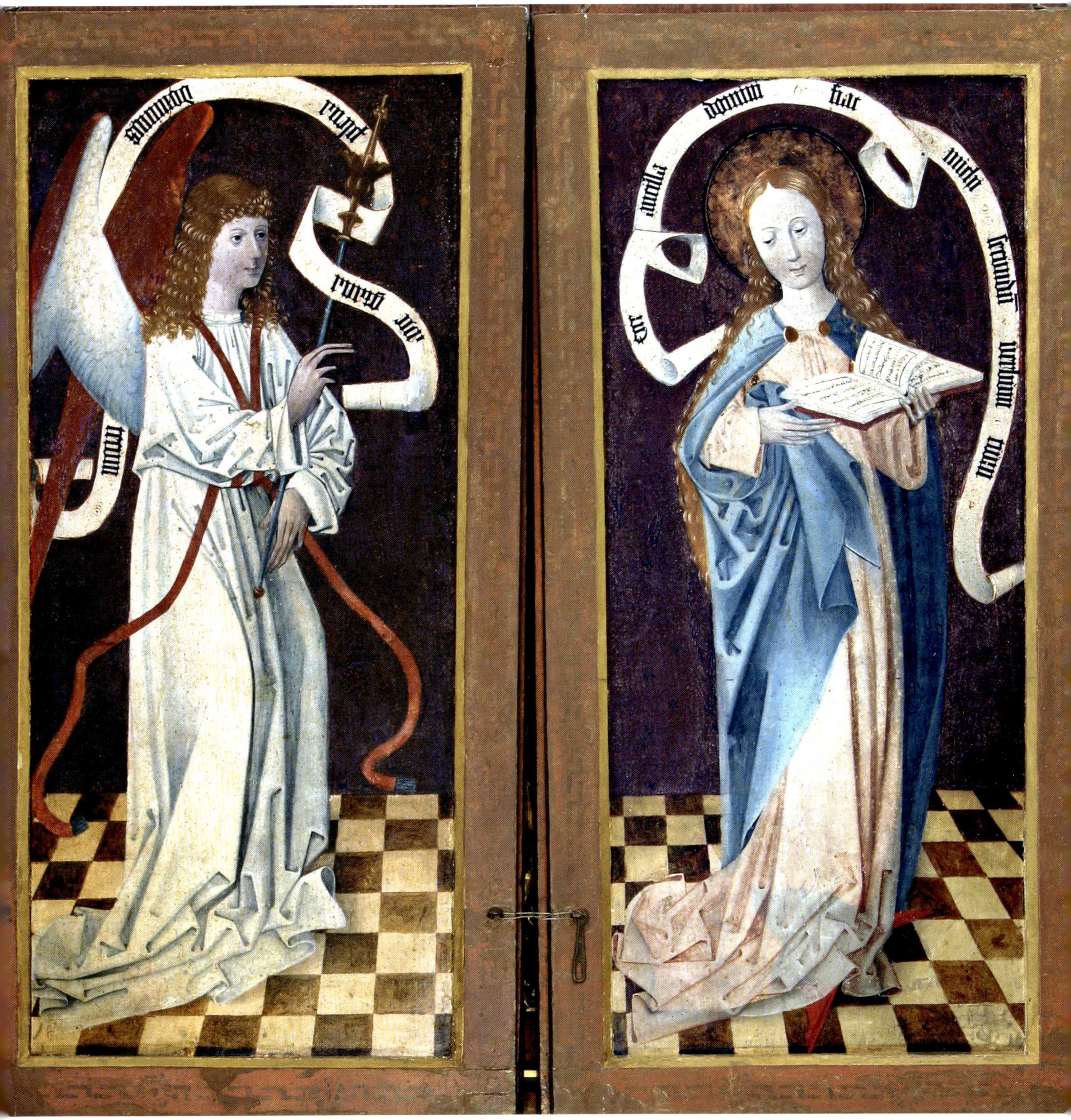

Abb. 22: Dreikönigsretabel der Gandersheimer Moritzkirche. Bad Gandersheim, Stiftskirche. Geschlossener Zustand: Verkündigung. Braunschweig, um 1490

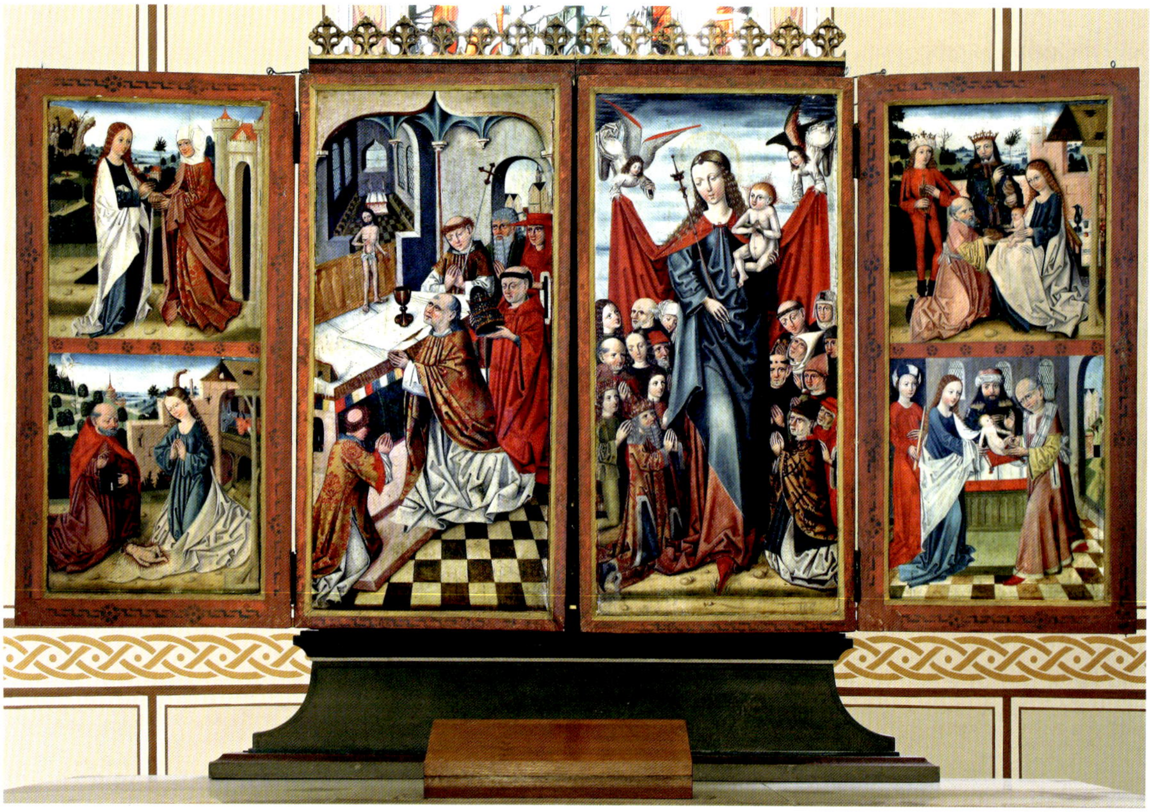

Abb. 23: Dreikönigsretabel der Gandersheimer Moritzkirche. Bad Gandersheim, Stiftskirche. Erste Wandlung

lisiert, einer übergroßen Marienfigur, unter deren Gewandschößen die Gläubigen ohne Rücksicht auf ihren Stand Schutz finden – Könige, Geistliche und einfaches Volk.

Die Malereien zeigen eine deutliche Steigerung an gestalterischem Aufwand. Bei geschlossenen Flügeln finden sich nur zwei Figuren vor fast neutralem Hintergrund, bei geöffneten Außenflügeln dagegen detailreiche Szenerien vor aufwendig komponierten Landschaftsdarstellungen. Dem vollständig geöffneten Zustand kommt die inhaltlich größte Bedeutung zu, hier sind Skulpturen zu sehen – eine weitere Steigerung vom Zwei- ins Dreidimensionale.

Im Schrein sieht man die Anbetung der Heiligen Drei Könige. Sie stehen vor der thronenden Maria, die ihr Kind auf dem Schoß hält. Es hat sich weit vorgebeugt, um in den Kasten des vor ihm knienden Königs zu greifen. Rechts außen sitzt der hl. Joseph und rührt in einem Töpfchen Brei für seinen Sohn an. Die gesamte Szene ruht auf einem Podest, der eine unter der Übermalung nur noch schwach erkennbare Inschrift trägt: *maria · vir*[go] · *gr*[ati]*e* · *m*[ate]*r* · *mi*[sericordi]*e* · *tu · nos · ab · hoste* · *p*[ro]*tege – Maria, holdselige Jungfrau, Mutter der Barmherzigkeit, du beschützt uns vor dem Feinde.* Die Szene wird an den Seiten von vier Figuren flankiert, die die in der Moritzkirche verehrten Heiligen darstellen: links oben der hl. Veit (der nur noch durch die rückseitige Inschrift *vyt* identifiziert werden kann), darunter die hl. Dorothea, rechts oben der (in der Gegend sehr selten verehrte) hl. Sebald und unten ein nicht zu bestimmender Mönchsheiliger. In den Flügeln befinden sich die Figuren der zwölf Apostel.

Über die Herkunft des Retabels ist lange gerätselt worden. Die Anbetung der Könige findet sich relativ selten als zentrale Szene eines Altars, ist aber im Braunschweiger Raum verbreitet gewesen, so daß man bereits früh an eine Arbeit aus der

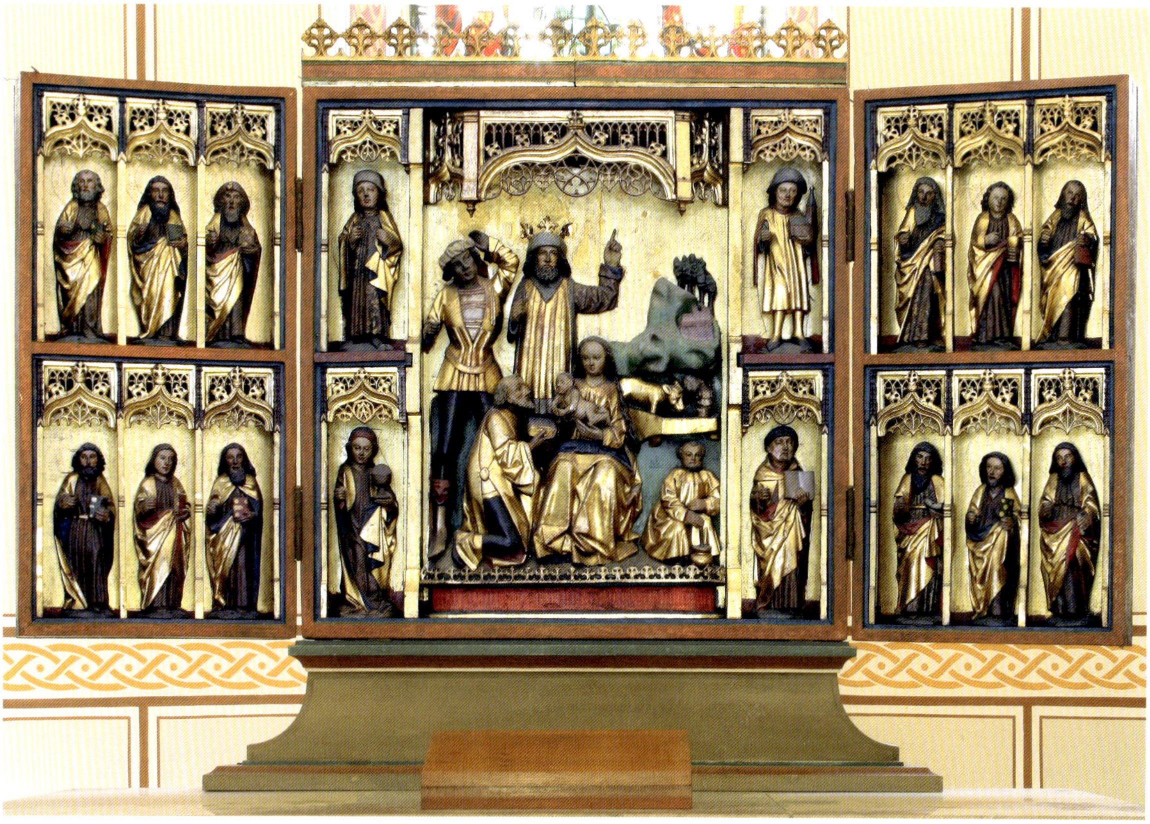

Abb. 24: Dreikönigsretabel der Gandersheimer Moritzkirche. Bad Gandersheim, Stiftskirche. Geöffneter Zustand

Welfenstadt dachte. An dem Altar haben diverse Bildschnitzer und Maler mitgearbeitet, jeder mit einer individuellen Handschrift, so daß nicht zu Unrecht die verschiedensten Werke zum Vergleich herangezogen wurden, die allerdings auch mit unterschiedlichen Künstlernamen verknüpft waren. Genannt wurden die Bildschnitzer Hans Markgreve, der namenlose Alexandermeister und Cord Borgentrik, ohne daß man sich über den Urheber einig werden konnte.

Nun hat sich an dem Retabel aber eine weitere Inschrift in Resten erhalten, die sich unterhalb des Kreuzblumenkamms auf dem Schrein befindet. Sie wurde 1958 bei einer Restaurierung vollständig überstrichen, konnte jedoch in Teilen digital rekonstruiert werden (Abb. 26). Eine Signatur, *me coradu borgetrik,* erweist das Retabel als eine Arbeit aus der Werkstatt des Braunschweiger Bildschnitzers Cord Borgentrik. Von ihm sind nur zwei gesicherte Werke erhalten geblieben, ein im Städtischen Museum in Braunschweig befindliches Retabel aus Hemmerde bei Unna von 1483 (Abb. 29) und ein aus der Nikolaikirche in Alfeld stammendes Retabel, das sich heute in der Kölner Minoritenkirche befindet und um 1485 entstanden sein dürfte. Das Hemmerder Retabel ist in gleicher Weise signiert wie das in Gandersheim. Die ausführliche Inschrift führt unterhalb des Kreuzblumenkamms über beide Flügel hinweg und beginnt mit einem an Maria gerichteten Wechselgesang aus der Ostermesse. Dies scheint ein Charakteristikum der Borgentrik-Retabel gewesen zu sein, eine gleichlautende Inschrift ist auch für ein heute verschollenes Retabel in Schlewecke bei Bockenem überliefert. Da sich auch die am Sockel unter der Anbetung in Gandersheim befindliche Inschrift auf dem Hemmerder Retabel in Braunschweig wiederholt, darf man annehmen, daß die Inschrift auf dem Dreikönigsretabel ursprünglich auch mit derselben Marienantiphon begann: *Regina coeli*

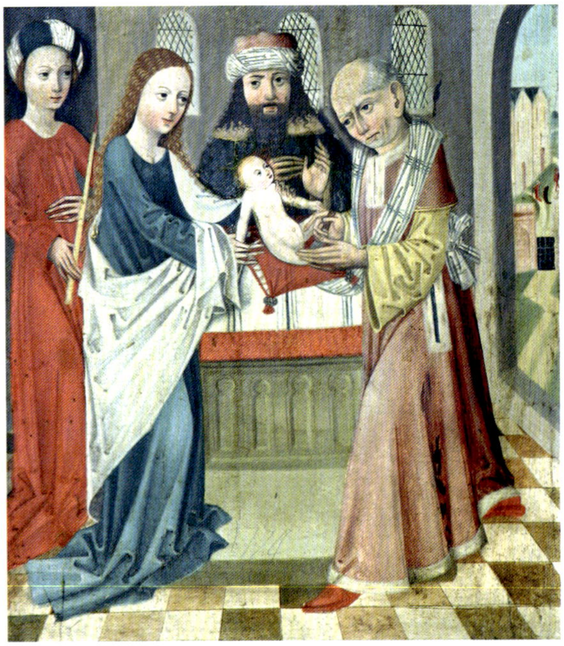

Abb. 25: Dreikönigsretabel der Gandersheimer Moritzkirche. Bad Gandersheim, Stiftskirche. Erste Wandlung, rechter Außenflügel, unten: Beschneidung

laetare, alleluja! Quis quem meruisti portare, alleluja! Resurrexit sicud dixit, alleluja Ora pro nobis deum, alleluja! (Bilzer 1952, unpag.). – *Freue dich, o Himmelskönigin, Halleluja! Er, den du gewürdigt warst zu tragen, Halleluja! Er ist erstanden, wie er verkündet hat, Halleluja! Bitte für uns bei Gott, Halleluja!*

Über Cord Borgentrik, der zu den nur wenig bekannten Künstlern seiner Zeit gehört, ist man durch Quellen recht gut informiert. Er dürfte in der ersten Hälfte des 15. Jahrhunderts geboren worden sein, vielleicht als Sohn des gleichnamigen Malers Cord Borgentrik in Braunschweig. Seine Lehrjahre verbrachte er in Mitteldeutschland, der Stil seiner Figuren deutet auf Kenntnisse lübischer Kunst hin. Nach der Gesellenwanderung scheint sich Borgentrik in Hildesheim niedergelassen zu haben, da der verschollene Altar aus Schlewecke 1479 dort signiert wurde. Kurz darauf zog der Bildschnitzer nach Braunschweig, wo er 1482 als Neubürger aufgenommen wurde. Trotz der großen Aufträge für Hemmerde und Alfeld scheint Borgentrik nur wenig Erfolg gehabt zu haben. Bereits 1486 sah er sich dazu gezwungen, Geld zu leihen und dafür sein Haus mit Hypotheken zu belasten. Seine wirtschaftliche Situation verschlechterte sich so weit, daß er 1494 über kein steuerpflichtiges Vermögen mehr verfügte und zwei Jahre später in eine Mietwohnung umziehen mußte. Nach 1501 wird er nicht mehr erwähnt, so daß er zu dieser Zeit verstorben sein dürfte.

Die finanziellen Probleme sind gemessen an der Größe der Aufträge für Hemmerde und Alfeld überraschend und können nur durch persönliche Mißwirtschaft erklärt werden. Dies wird natürlich auch Auswirkungen auf den Fortbestand der Werkstatt gehabt haben. Vielleicht erklären sich dadurch auch die Forschungsprobleme in der Zuordnung des Gandersheimer Altars. An den riesigen Retabeln für Hemmerde und Alfeld müssen verschiedene Bildschnitzer unter der Führung Borgentriks beschäftigt gewesen sein. Die Signatur entspricht damit eher unserer heutigen Vorstellung einer „Marke", als dem Hinweis auf eigenhändige Arbeit. So wird man den wiederholt für das Gandersheimer Retabel als verantwortlich genannten „Alexandermeister" als einen Gesellen Borgentriks verstehen müssen, der später als eigenständiger Meister weiterarbeitete. Vielleicht hatte sich Borgentrik mit den beiden Großaufträgen verkalkuliert und zu viele Gesellen eingestellt, die er später nicht mehr beschäftigen konnte.

Die Malereien wurden von einer Braunschweiger Werkstatt angefertigt, die ihren Auftrag wahrscheinlich von Borgentrik als Hauptunternehmer bekam. Sie läßt sich auch an einem eng vergleichbaren Dreikönigsretabel in Wathlingen bei Celle nachweisen, bei dem wahrscheinlich auch die

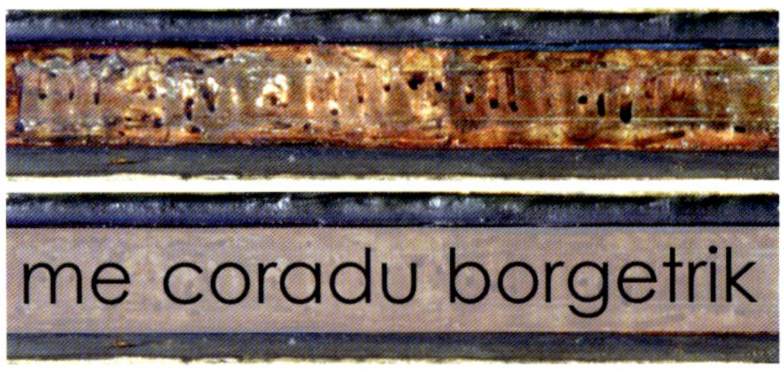

Abb. 26: Dreikönigsretabel der Gandersheimer Moritzkirche. Gandersheim, Stiftskirche. Signatur auf dem Kammfries links der Mitte. Digitale Rekonstruktion und Durchschrift

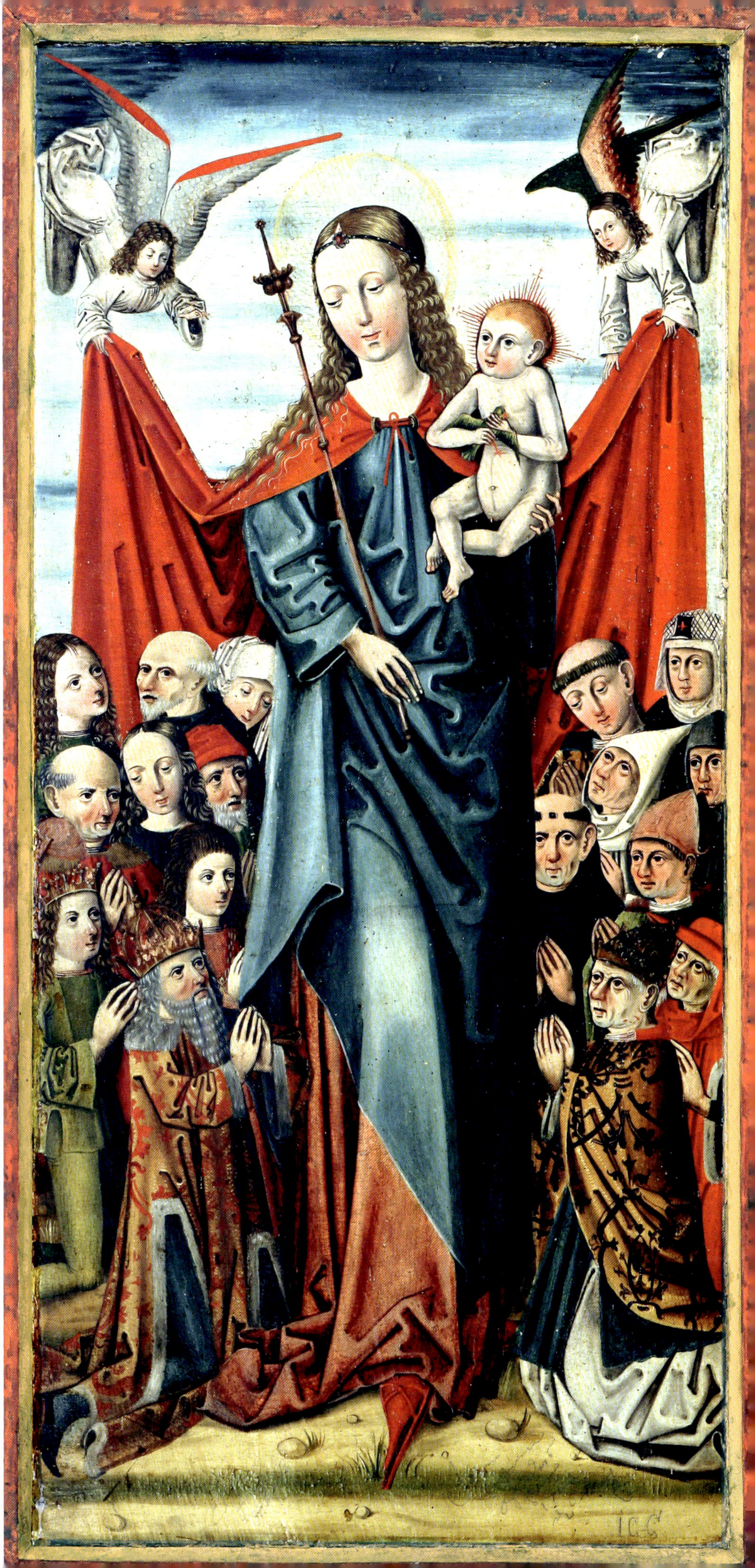

Abb. 27: Dreikönigsretabel der Bad Gandersheimer Moritzkirche. Bad Gandersheim, Stiftskirche. Erste Wandlung, rechter Innenflügel: Schutzmantelmadonna

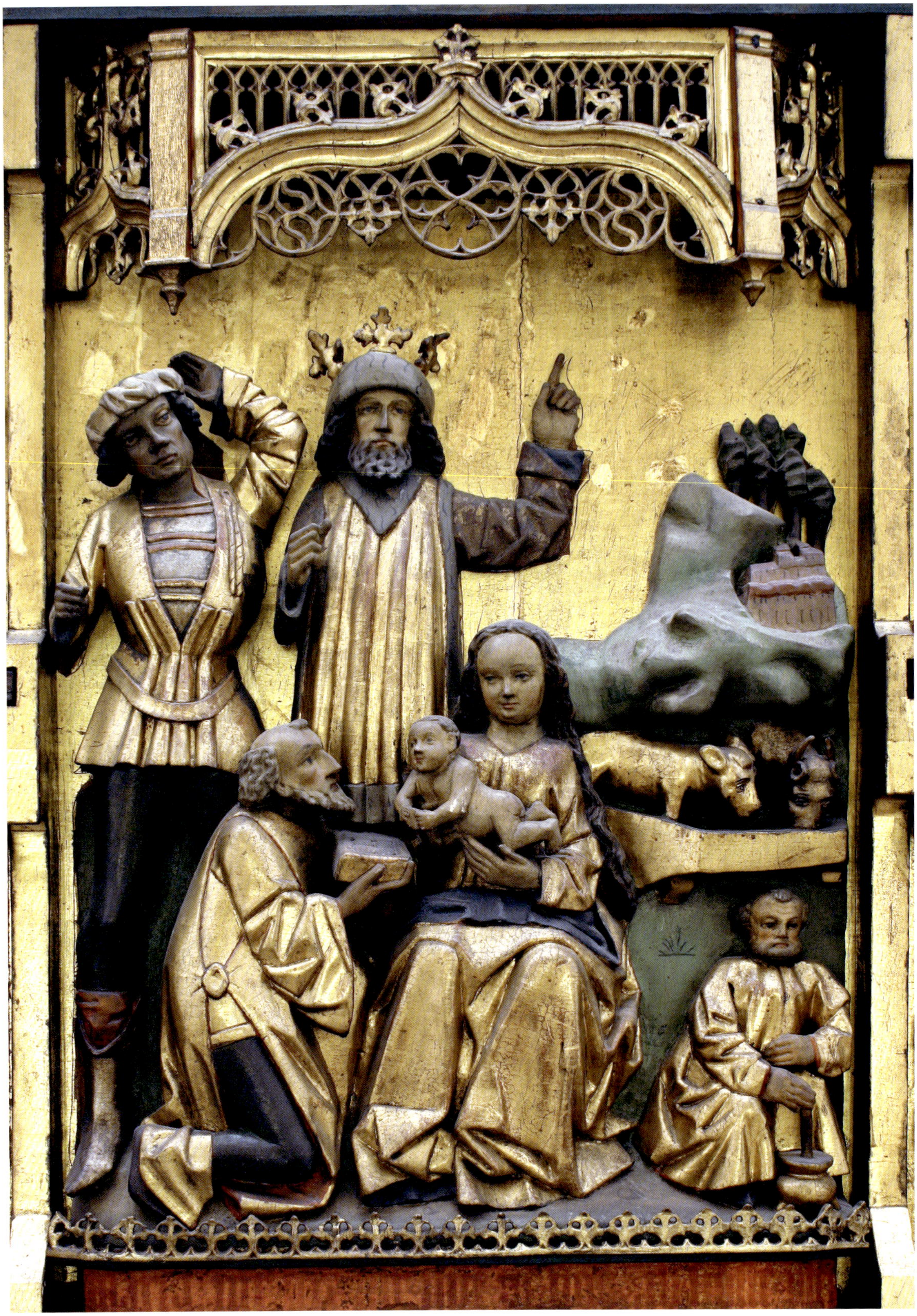

Abb. 28: Dreikönigsretabel der Gandersheimer Moritzkirche. Gandersheim, Stiftskirche. Geöffneter Zustand. Detail: Anbetung der Könige

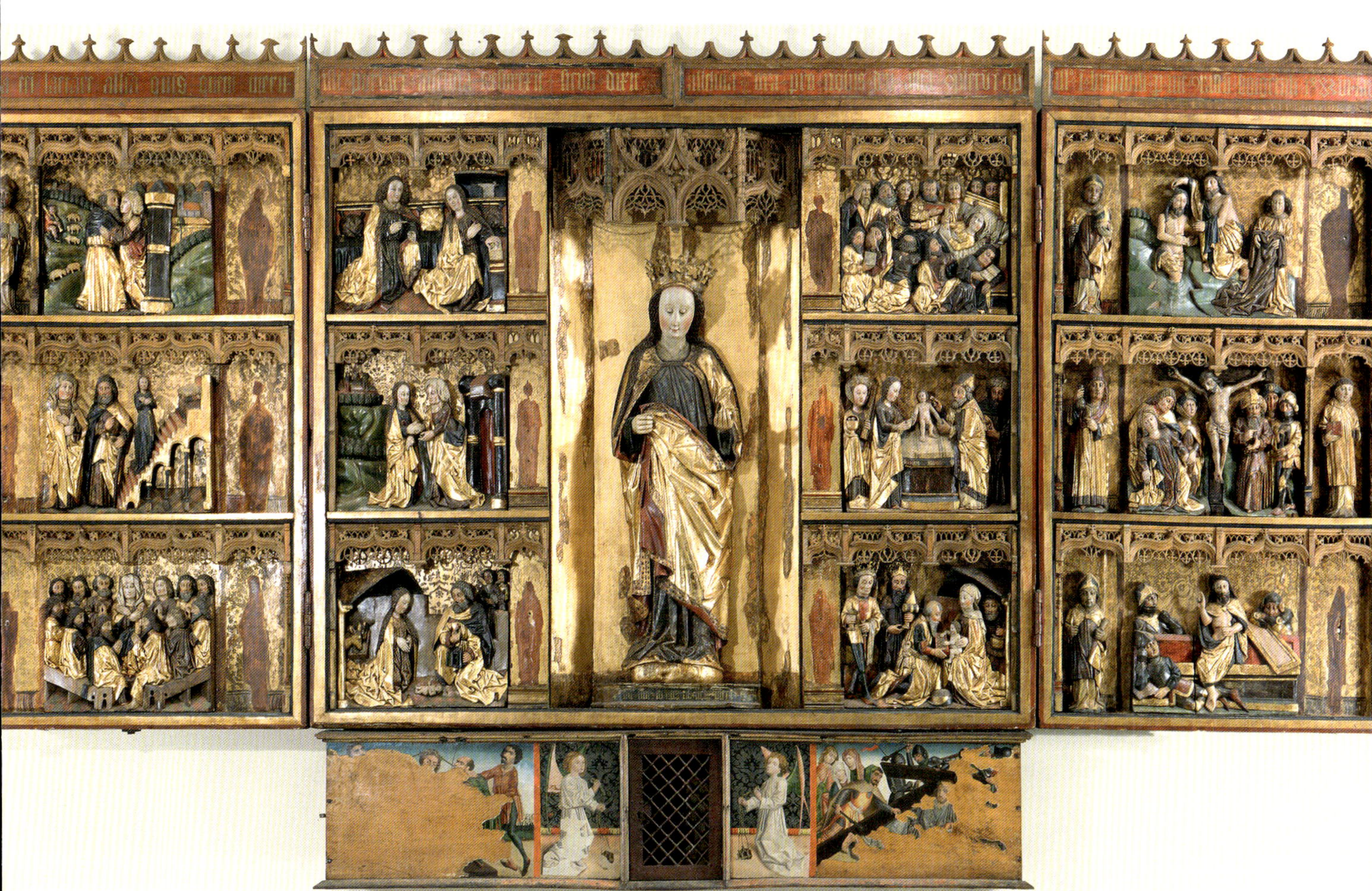

Abb. 29: Retabel aus Hemmerde. Braunschweig, Städtisches Museum. Braunschweig, 1483

Skulpturen von denselben Bildschnitzern wie in Gandersheim stammen. An den Großaufträgen für Hemmerde und Alfeld hingegen waren andere Malerwerkstätten beschäftigt.

Lit.: Münzenberger/Beissel 1885–1906, Bd. 2, S. 207. – BuKd Gandersheim, S. 134ff. – Ausst. Kat. Hannover 1938, Kat. Nr. 3, S. 8. – Habicht 1940, S. 344ff., 351, 356. – Stuttmann/von der Osten 1940, S. 72, 92, 93. – Scheffler 1952, S. 14. – von der Osten 1957, S. 110, 120. – ND, Bd. 4, 1958/59, S. 83. – Ausst. Kat. Corvey 1966, Bd. 2, S. 404 (Reinhold Behrens). – Gmelin 1974, S. 52 und S. 380ff. mit Kat. Nr. 121. – Schuler 1983 (1), S. 49. – Schuler 1983 (2), S. 42. – DEHIO, S. 152. – AKL, Bd. 13 (1996), S. 33 (Günter Meißner). – Kummer/Kuppe 1997. – Gepp 2008, S. 21f.

Kat. Nr. 8

Stiftskirche St. Anastasius und Innocentius, Ausstellungsbereich *Portal zur Geschichte* Vesperbild

Niedersachsen, letztes Viertel 15. Jh.
Holz (Linde?), massiv, ursprüngl. Fassung größtenteils erhalten. Stark bestoßen, Arme Mariens, Kopf samt Oberkörper Christi verloren, Sockelplatte wahrscheinlich nachträglich montiert
H.: 41 cm, B.: 31 cm, T.: 18,5 cm
Abb. 30

Die stark zerstörte Figur zeigt die sitzende Gottesmutter mit dem Leichnam Christi auf ihrem Schoß. Ihre rechte Hand hielt ursprünglich den Kopf des Sohnes, die linke das Ende des Schleiers.

Das Vesperbild gehört zum Typus der Andachtsbilder. Wie bei der Heiligenfigur in der Georgenkirche (vgl. Kat. Nr. 2) wird hier nicht eine konkrete Textstelle aus der Bibel oder einer Legende illustriert, sondern ein inhaltlicher Aspekt in der Darstellung verdichtet. Die tiefe Trauer der Mutter um ihren verstorbenen Sohn ist für jeden Betrachter unmittelbar nachzuvollziehen. Die Figurengruppe ist bewußt aus jeglichem Erzählzusammenhang herausgelöst worden. Die üblichen Passionsmotive, die Kreuze, die Trauergemeinschaft oder das Grab fehlen, alles konzentriert sich auf die Gefühle der Mutter.

Diese Bildvorstellung entwickelte sich erst im frühen 14. Jahrhundert. Während man früher mit bildlichen Darstellungen komplexe theologische Inhalte zu verdeutlichen suchte – als Beispiel sei das letztlich auf romanische Typen zurückführbare Kreuz der Georgenkirche genannt (vgl. Kat. Nr. 3) –, so bot der neue Bildtypus einen emotionalen Zugang zum Sinn der Passion. Außerhalb der deutschsprachigen Gebiete wird der Bildtypus auch als „Pietà“ bezeichnet, als „Mitleid“, einem der wichtigsten Begriffe der Passionsmystik.

Die Gandersheimer Figur stellt ein relativ spätes Beispiel dieses Typus dar. Das Format ist klein, die gestalterischen Mittel sind zurückhaltend angewendet. Frühe Beispiele dagegen, wie etwa die Figur der Veste Coburg, zeigen überlebensgroße Formate und eine oft drastische Betonung der Wunden des Leichnams. Der Sinn dieser Darstellungsweise erschöpft sich nicht in einer schockartigen Wirkung, sondern hat eine symbolische Ebene. Die im deutschsprachigen Raum geläufige Bezeichnung „Vesperbild“ hat ihren Ursprung in den Ostergebräuchen. So wurde zwischen der Kreuzesverehrung am Karfreitag und der Grablegung eine besondere Betrachtung der fünf Wunden des auf dem Schoß der Mutter ruhenden Leichnams eingeschoben. Dies geschah zur Zeit der Vesper, des kanonischen Gebetsopfers. In Gandersheim sind die Wunden noch durch die Fassung betont, bestimmen aber nicht mehr die Gesamtwirkung der Darstellung. Die Figur ist so klein, daß sie nur auf einem Seitenaltar einer der Kapellen gestanden haben kann und der privaten Andacht gedient haben muß.

Lit.: BuKd Gandersheim, S. 137. – DEHIO, S. 153. – Früchtenicht-Wydora 2001.

Abb. 30: Vesperbild. Bad Gandersheim, Stiftskirche. Niedersachsen, letztes Viertel 15. Jahrhundert

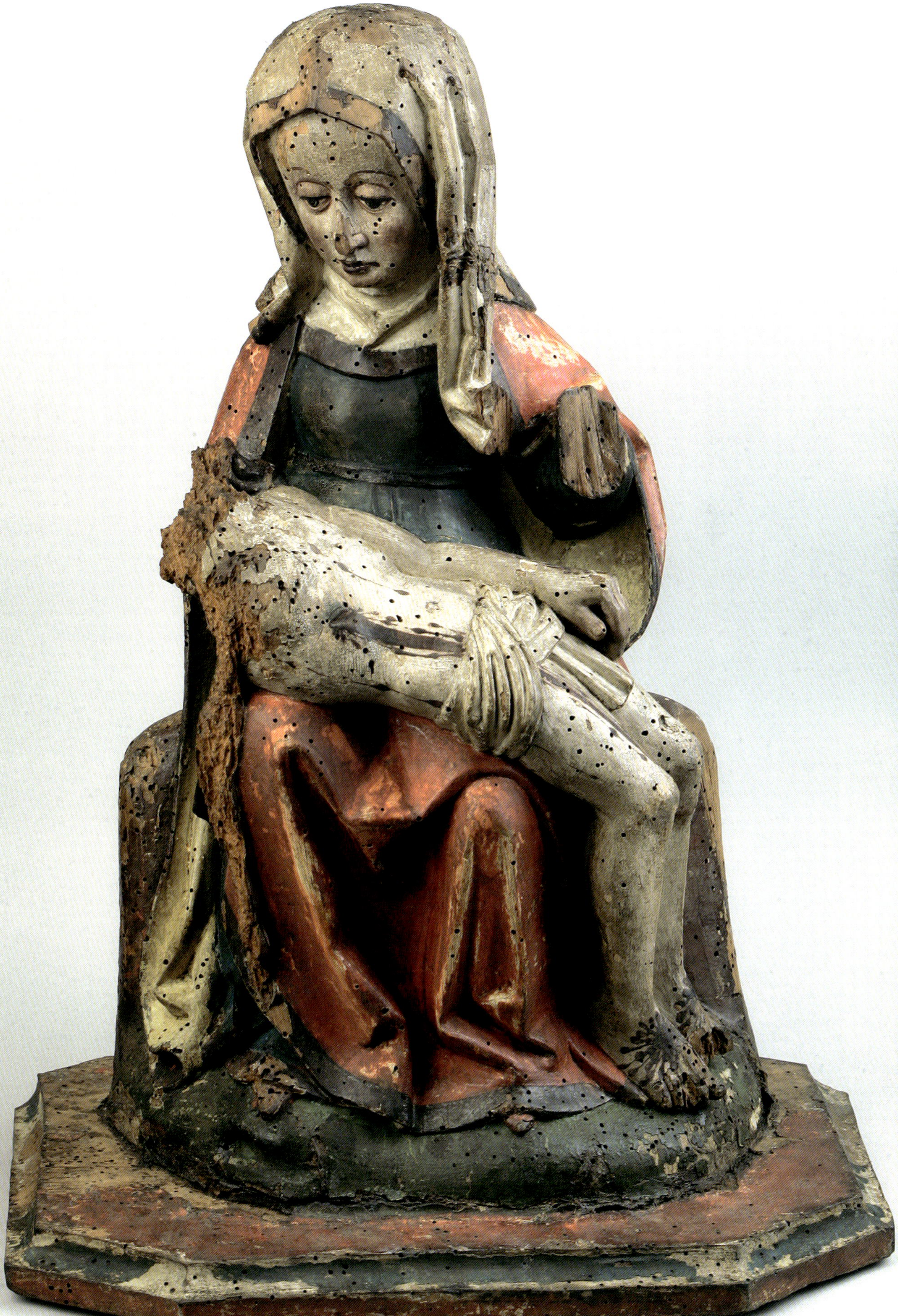

Kat. Nr. 9

Klosterkirche Brunshausen, Ausstellungsbereich *Portal zur Geschichte* Retabel vom Bartholomäusaltar der Gandersheimer Stiftskirche

Skulpturen: Epiphanius-Meister (Meister Wolter?), Hildesheim (?), um 1490
Tafelmalerei: Meister des Altars von Eime, Hildesheim, um 1520
Triptychon. Eiche (Schrein aus Kiefer), ursprüngl. Fassung größtenteils erhalten, überfaßt. Skulpturen stark mit Kitt ergänzt, Kammfries und Schleierbrett neuzeitlich. Tafelmalereien großflächig zerstört, stark überarbeitet, Firnis verbräunt. Restaurierung durch Fritz Herzog, Braunschweig 1966.
Schrein: H.: 69,5 cm (ohne Aufsatz), B.: 99 cm, T.: 14 cm
Abb. 31–36

Der heute in Brunshausen ausgestellte Altaraufsatz ist eines von nur zwei Retabeln der Stiftskirche, das sich fast vollständig erhalten hat und dessen ursprünglicher Aufstellungsort gesichert ist. Es wurde für den Altar der Bartholomäuskapelle geschaffen, die als Stiftung des Kanonikers Heinrich von Sebexen kurz vor 1344 am südlichen Seitenschiff errichtet wurde. Bei den Renovierungsmaßnahmen in der Mitte des 19. Jahrhunderts wurden alle Trennwände zwischen den Kapellenanbauten eingerissen, so daß ein zweites Seitenschiff entstand. Die Bartholomäuskapelle befand sich ursprünglich im zweiten Joch von Osten.

Entsprechend seiner Bestimmung für einen Nebenaltar ist das Retabel in seinen Maßen klein gehalten. Es handelt sich um ein Triptychon, also um ein Retabel mit nur einem Paar von Flügeln. Die Malereien des geschlossenen Zustandes sind stark zerstört. Sie zeigen die beiden Apostelfürsten Petrus und Paulus vor dem weiten Ausblick in eine gebirgige Landschaft. Auf den Innenseiten fällt der Blick hingegen auf eine Mauer, über der sich zwei Bögen öffnen. Vor dem linken befindet sich eine Anna Selbdritt-Gruppe. Die hl. Anna, die Mutter Mariens, trägt das Kind, dem Maria ein Traubenbündel reicht. Auf dem rechten Flügel ist der Apostel Matthias dargestellt. Die Körperhaltungen der Heiligen sind auf den Schrein hin ausgerichtet, wo sich fünf Standfiguren befinden. Im Zentrum, in seiner Bedeutung durch eine Konsole betont, steht der hl. Bartholomäus, flankiert von vier heiligen Frauen: links Barbara und Margarethe, rechts Katharina (?) und Dorothea.

Im Gegensatz zu den anderen Retabeln wird hier auf sämtliche erzählerischen Aspekte verzichtet, Malerei und Skulptur beschränken sich auf repräsentative Einzeldarstellungen. Auf den Flügeln wird zwar durch die Landschafts- und Architekturhintergründe der Eindruck eines einheitlichen Raums vermittelt, der vermeintlichen Gruppenbildung der Figuren fehlt jedoch eine textliche Grundlage. Die Raumdarstellungen sind vielmehr ein zeittypisches Motiv, mit dem man die ältere Gepflogenheit neutraler Goldhintergründe, wie sie noch bei den Skulpturen zu sehen sind, ablöste.

Das Retabel hat im Laufe der Zeit stark gelitten. Durch Wurmfraß waren große Teile an den Skulpturen weggebrochen, so daß 1966 eine Restaurierung erfolgte, die den ursprünglichen Zustand so stark verändert hat, daß man von einer freien Neuschöpfung sprechen muß. Ältere Fotos dokumentieren den Verlust beider Hände an der rechts von Bartholomäus stehenden Heiligen (Abb. 36). Die willkürliche Ergänzung zeigt heute eine überdimensionierte Oblate, die keinen Bezug zu einer bestimmten Heiligen hat. Auch der architektonische Aufbau des Schreins wurde stark verändert. Die Reste des über den Figuren befindlichen Schleierbrettes wurden vollständig entfernt. In seiner ursprünglichen Form wies es ein dichtes Muster von breiten, nahezu natürlich angeordneten Ranken auf, wie an dem Schrein des Marienaltars in Einbeck, der aus der Werkstatt desselben Bildschnitzers stammt (vgl. Kat. Nr. 11). Das ergänzte Schleierbrett zeigt dagegen dünne Maßwerkformen

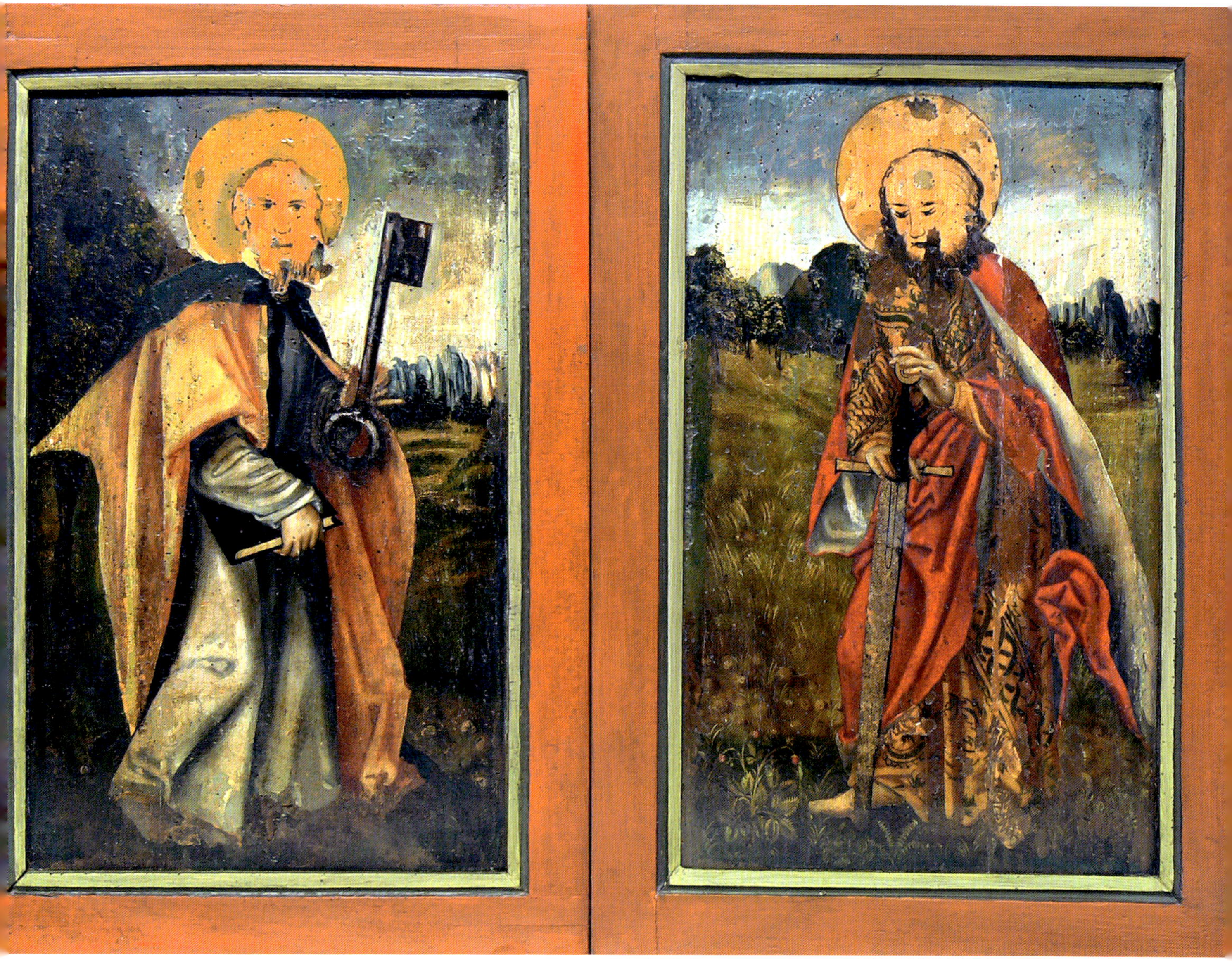

Abb. 31: Retabel vom Bartholomäusaltar der Stiftskirche. Klosterkirche Brunshausen. Geschlossener Zustand: Apostel Petrus und Paulus. Hildesheim, um 1520

und reicht nicht an die erhaltene Säule heran, die auf der falschen Seite montiert wurde.

Der ursprüngliche Charakter des Retabels wurde durch diese „Reparaturen" vollkommen verfälscht, seine kunsthistorische Würdigung erschwert. So lassen sich beispielsweise die ursprünglichen Rankenformen nur im ausgehenden 15. Jahrhundert im mitteldeutschen Raum lokalisieren. Ohne ältere Fotos wäre dieser Befund verlorengegangen.

Das Retabel wurde bereits vor der Restaurierung als eine Arbeit des sogenannten Epiphanius-Meisters erkannt. Seine Werkstatt befand sich wahrscheinlich in Hildesheim, wo auch die Figur des gleichnamigen Heiligen steht, nach dem der unbekannte Bildschnitzer benannt wurde. Der Epiphanius-Meister gehört zu den wichtigsten Hildesheimer Bildschnitzern der Spätgotik und hat mit seinen Arbeiten den Stil der lokalen Werkstätten bis zum Beginn der Reformation beeinflußt. Der Bartholomäusaltar ist sein frühestes bekanntes Werk und läßt sich aufgrund des Gewandstils der Schreinfiguren ins ausgehende 15. Jahrhundert

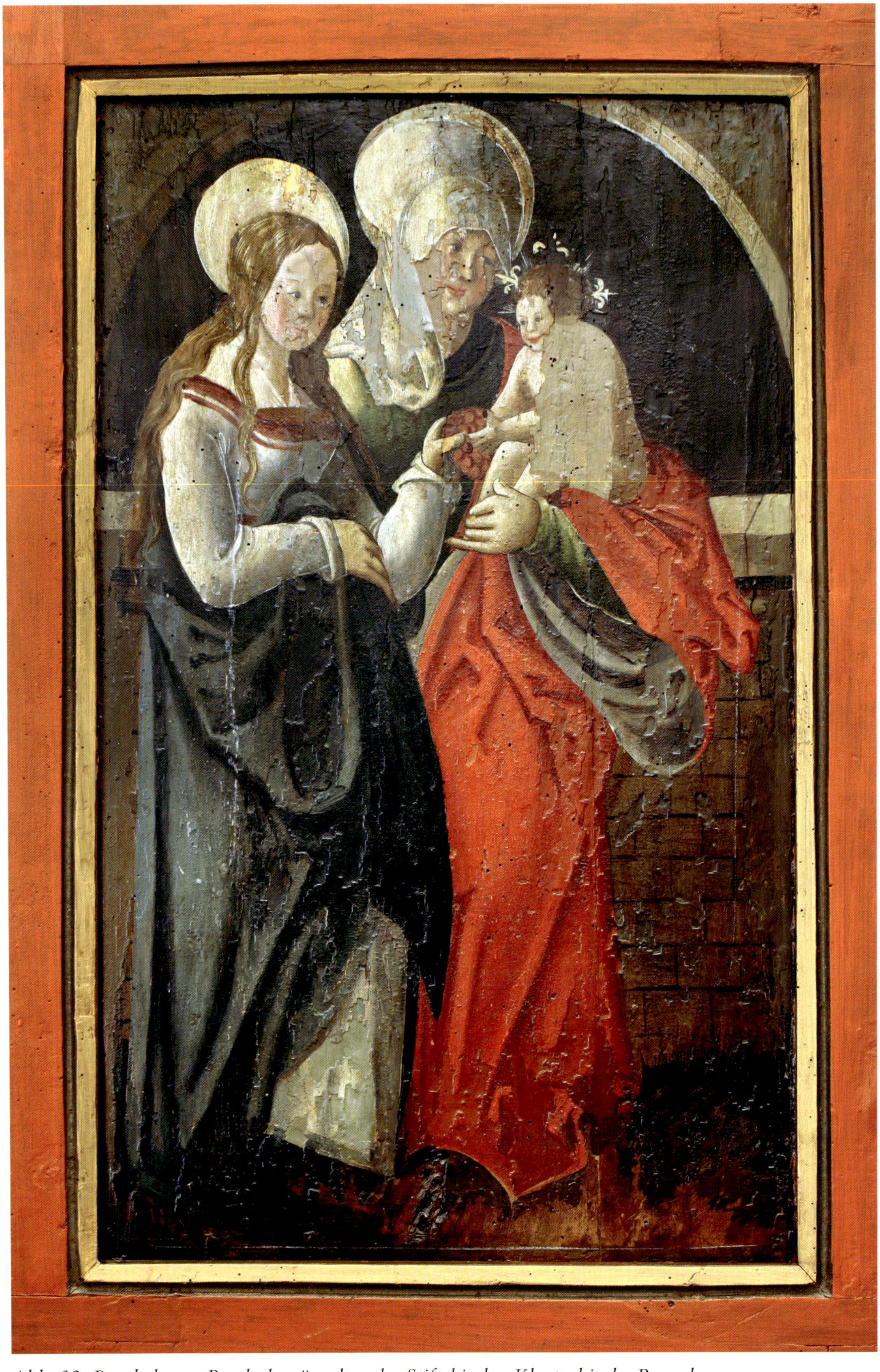

Abb. 32: Retabel vom Bartholomäusaltar der Stiftskirche. Klosterkirche Brunshausen. Geöffneter Zustand, linker Flügel: Anna Selbdritt. Hildesheim, um 1520

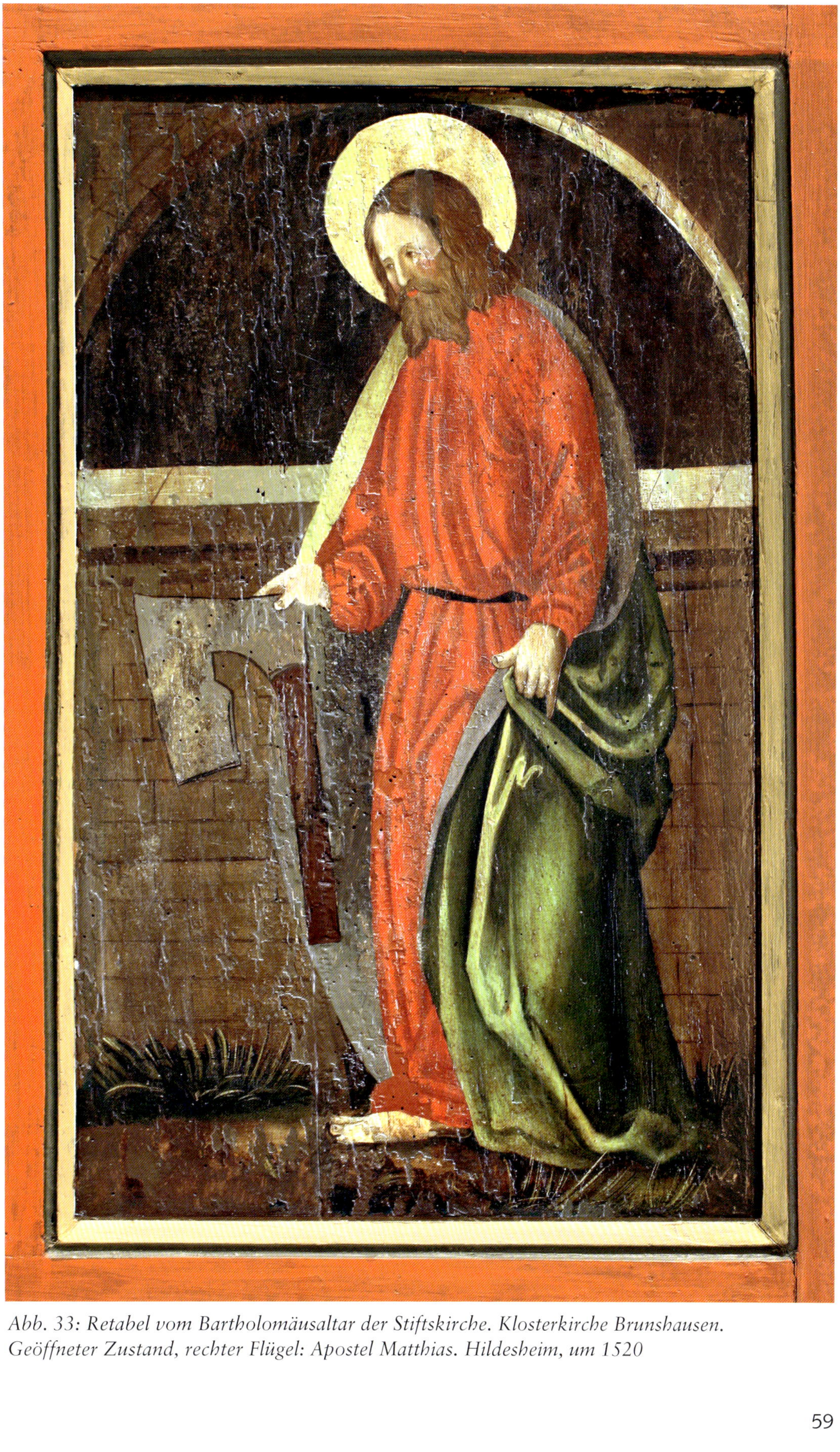

Abb. 33: Retabel vom Bartholomäusaltar der Stiftskirche. Klosterkirche Brunshausen. Geöffneter Zustand, rechter Flügel: Apostel Matthias. Hildesheim, um 1520

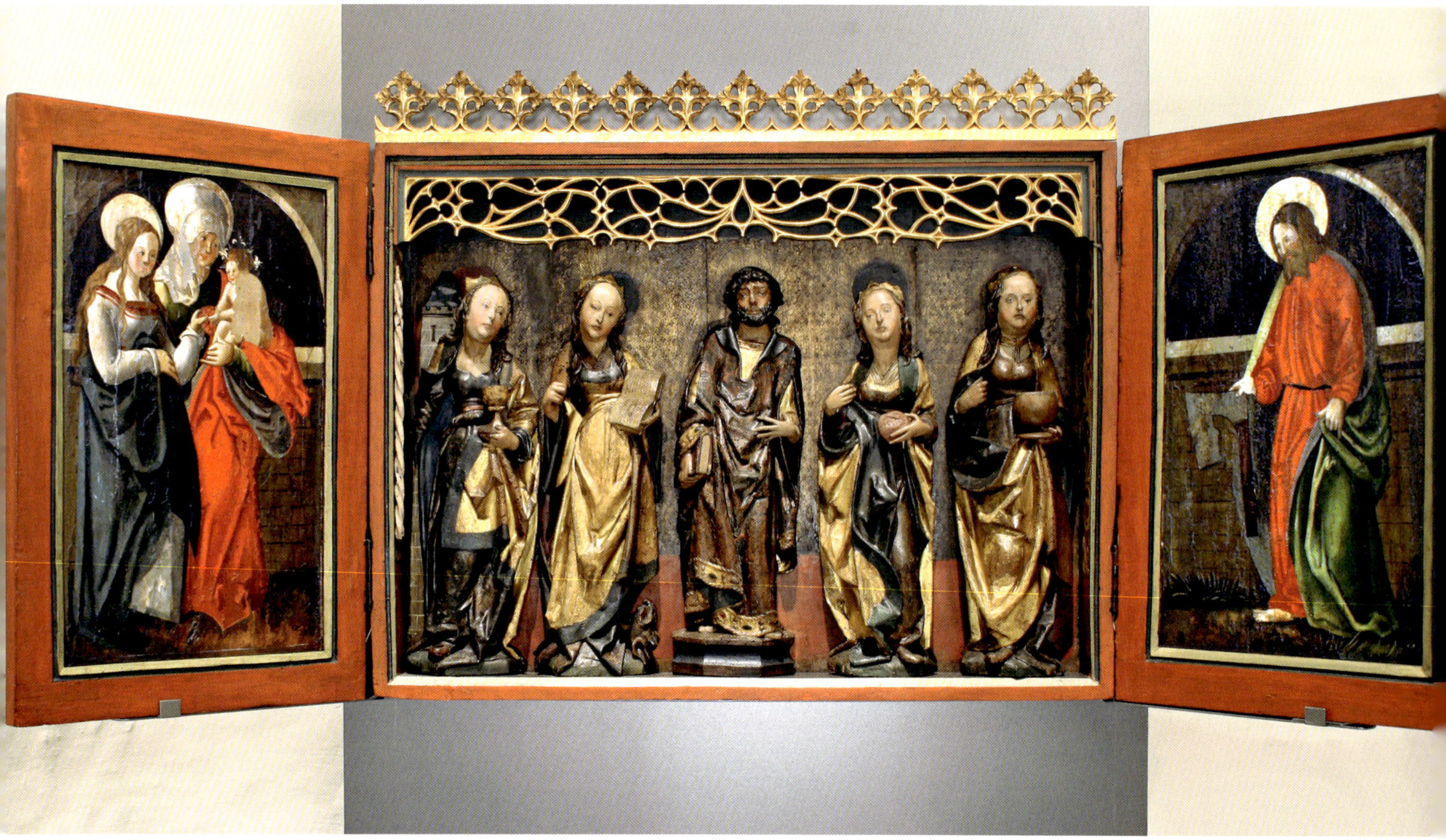

Abb. 34: Retabel vom Bartholomäusaltar der Stiftskirche. Klosterkirche Brunshausen. Geöffneter Zustand, Gesamtansicht

datieren. Die Malereien hingegen können erst eine Generation später entstanden sein. Landschaftsdarstellung und Figurenstil dieser Werkstatt, die nach einem in Eime bei Gronau befindlichen Retabel benannt wird, deuten auf Kenntnisse süddeutscher Arbeiten aus dem ersten Viertel des 16. Jahrhunderts hin.

Der zeitliche Unterschied zwischen der Entstehung der Figuren und der Malerei wirkt auf den heutigen Betrachter seltsam. Meistens lassen sich dafür finanzielle Gründe benennen. Manchmal reichten die gestifteten Gelder nur für die Anfertigung eines unbemalten Schreins mit Figuren aus, der dann aufgestellt und oft erst Jahre später nach einer neuen Stiftung gefaßt und mit Malereien versehen werden konnte.

Die Retabelform erlaubt abgesehen von finanziellen Aspekten auch Rückschlüsse auf die Arbeitsgewohnheiten der Werkstätten. Der auf einen schlichten Kasten beschränkte Schrein war prinzipiell für alle möglichen Altaraufsätze verwendbar, entscheidend waren in diesem Fall einzig die Maße der Mensa. Die Figuren konnten in kleinerem Umfang auf Vorrat gearbeitet werden, da es sich um vielfach verehrte Heilige handelte, die demnach häufig dargestellt wurden. Obwohl sich der genaue Arbeitsablauf nur in den seltensten Fällen nachweisen läßt, sprechen Werke wie das Bartholomäusretabel für ein weitaus rationalisierteres Vorgehen der Bildschnitzer, als man gemeinhin bei einem „Kunstwerk“ erwarten würde.

Lit.: Münzenberger/Beissel 1885–1906, Bd. 2, S. 207. – BuKd Gandersheim, S. 131f. – Ausst. Kat. Hannover 1938, Kat. Nr. 81, S. 19. – Stuttmann/von der Osten 1940, S. 26ff. und Kat. Nr. 18, S. 30. – Scheffler 1952, S. 14. – Kronenberg K. 1969, S. 18–20. – Goetting 1973, S. 31. – Gmelin 1974, S. 46 und S. 332ff. mit Kat. Nr. 98. – DEHIO, S. 152. – Kummer/Kuppe 1997.

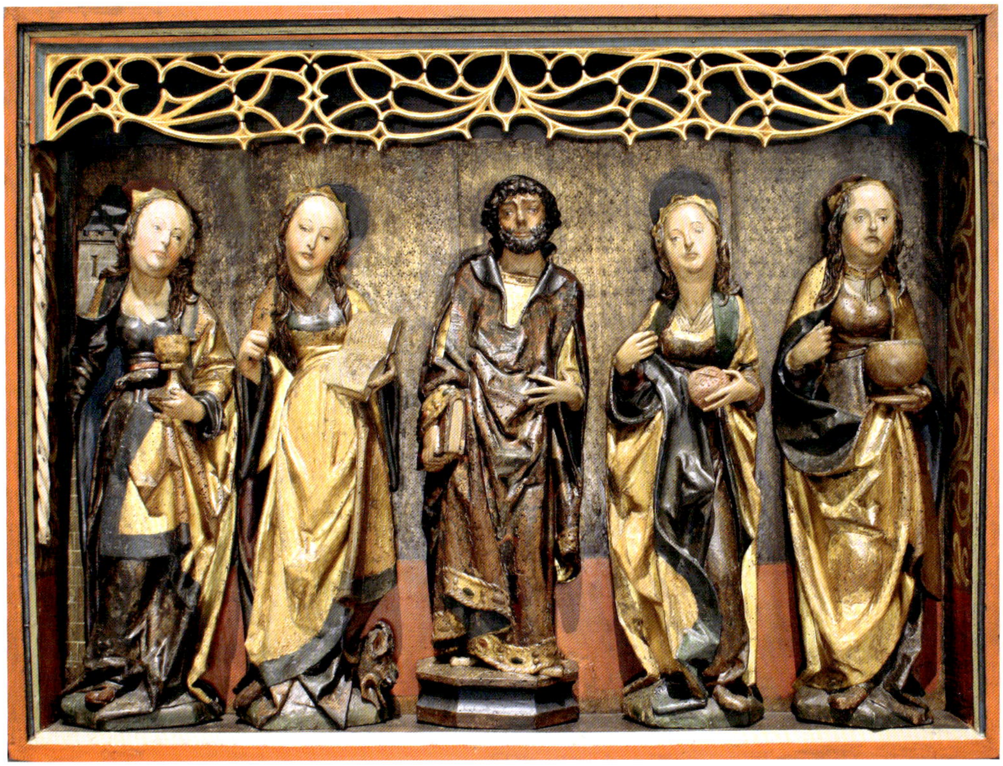

Abb. 35: Retabel vom Bartholomäusaltar der Stiftskirche. Klosterkirche Brunshausen. Schrein

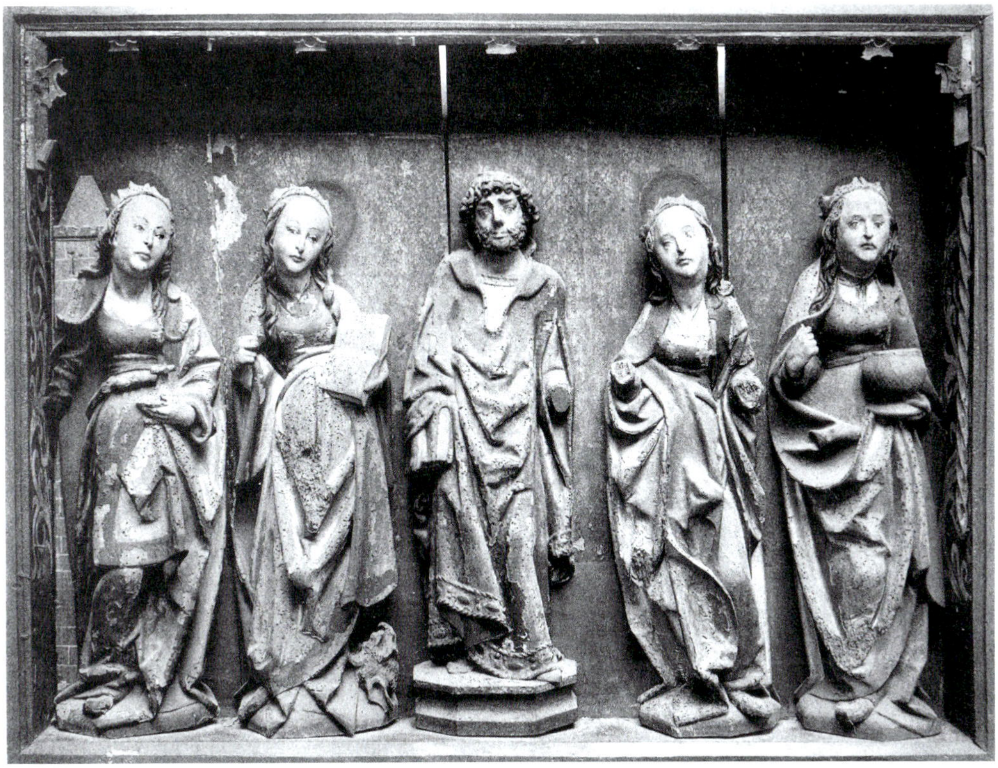

Abb. 36: Retabel vom Bartholomäusaltar der Stiftskirche. Klosterkirche Brunshausen. Schrein. Historische Aufnahme von 1940

Kat. Nr. 10

Stiftskirche St. Anastasius und Innocentius, Ausstellungsbereich *Portal zur Geschichte* Zehn Apostelfiguren eines zerstörten Retabels

Südniedersachsen, um 1500
Holz (Linde?), massiv, mit Resten der ursprünglichen Fassung. Stark bestoßen. Rückwärtig eingeritzte Versatzmarken. – Zwischen 1904 und 1969 auf Holzplatten montiert, die Apostel Jakobus d. Ä. und Simon (?) verschollen
H.: ~ 45 cm, B.: ~15 cm, T.: ~13 cm
Abb. 37

Die Apostelfiguren dürften ursprünglich – wie beim Dreikönigsaltar oder dem Marienaltar (vgl. Kat. Nrn. 7, 13) – in den Flügeln eines heute zerstörten Retabels gestanden haben. Sie waren nach einer bestimmten Reihenfolge angeordnet, für die der Bildschnitzer sogenannte Versatzmarken in Form von Punkten und lateinischen Zahlen auf der Rückseite der Figuren anbrachte. Dieselben Marken wurden auf die Innenwand der Flügel geritzt, so daß man beim Aufbau des Retabels die Figuren nur noch an die entsprechenden Stellen setzen mußte (die der heutigen Aufstellung allerdings nur noch bedingt entsprechen).

Die Apostel standen in zwei Reihen und waren mit Eisennägeln im Gehäuse befestigt. Alle Figuren weisen an den Nagelstellen am Sockel starke Ausbrüche auf, die auf eine gewaltsame Entfernung schließen lassen. Möglicherweise wurde das Retabel bei einem Bildersturm 1543 zerstört. Nur die Apostelfiguren blieben erhalten, da sie auch für die Reformatoren noch von Bedeutung gewesen sein könnten.

Das Retabel dürfte ähnliche Maße gehabt haben wie das Dreikönigsretabel, das ursprünglich auf dem Hochaltar der Moritzkirche aufgestellt gewesen ist. Das zerstörte Retabel der Stiftskirche hingegen dürfte für einen Nebenaltar bestimmt gewesen sein, da der Hochaltar ein gemessen an den räumlichen Dimensionen weitaus größeres Retabel getragen haben muß. Denkbar wäre allerdings auch, daß die Figuren aus dem zerstörten Retabel des Gandersheimer Marienklosters stammen (vgl. Kat. Nr. 13), das als Sonderfall geschnitzte Apostelfiguren in der Predella zeigte.

Aufgrund der großen Verluste läßt sich die genaue Herkunft der Figuren ebensowenig bestimmen wie ihr künstlerischer Kontext. Die seltsam gedrückt wirkenden Physiognomien finden eine Parallele in den Arbeiten des sogenannten Meisters von Hillerse, der Gewandstil erinnert in vereinfachter Form an die Arbeiten des Göttinger Bildschnitzers Bartold Kastrop, so daß man davon ausgehen kann, daß das Retabel um 1500 in einer in Südniedersachsen, in der näheren Umgebung von Gandersheim beheimateten Werkstatt angefertigt wurde.

Lit.: BuKd Gandersheim, S. 136. – DEHIO, S. 153. – Herbst 2002. – König 2002. – Kolossova 2002.

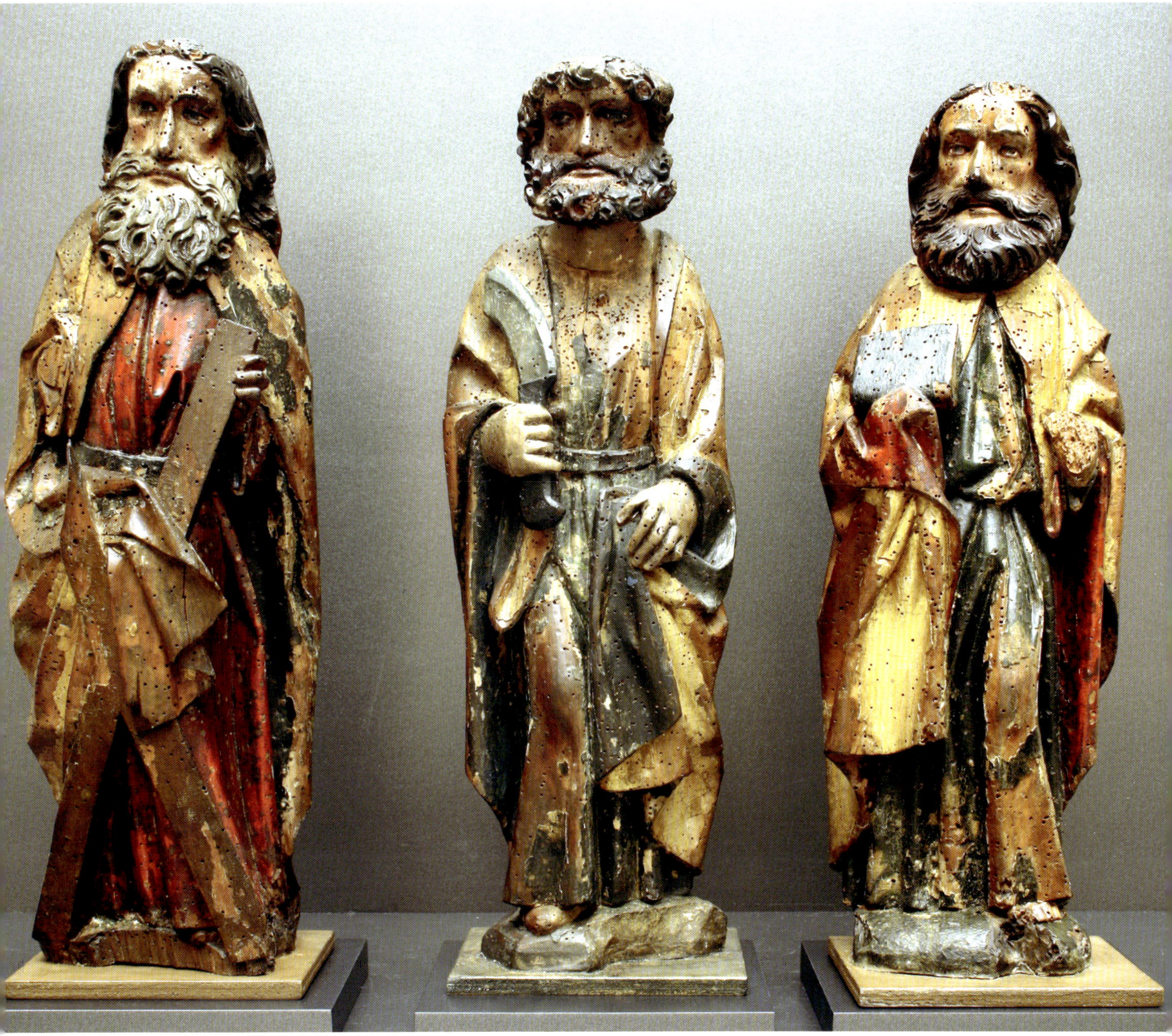

Abb. 37: Apostelfiguren eines verlorenen Retabels. Bad Gandersheim, Stiftskirche. Südliches Niedersachsen, um 1500

Kat. Nr. 11

Stiftskirche St. Anastasius und Innocentius, Chorbogen bzw. Ausstellungsbereich *Portal zur Geschichte* Triumphkreuzgruppe

Epiphanius-Meister (Meister Wolter?), Hildesheim (?), Anf. 16. Jahrhundert
Linde, massiv, Corpus Christi mit einer Neufassung von 1957, ursprüngl. Fassung der Begleitfiguren größtenteils erhalten, teilweise überfaßt (u. a. Blütenmuster bei Maria). Dornenkrone Christi neuzeitlich, das darüberliegende Haar abgeschnitzt, Kreuz Neuanfertigung von 1957, Johannesfigur stark beschädigt: Hände, Sockel mitsamt den Füßen und rechte Außenkante des Gewandes verloren, an der Marienfigur fehlen die Finger
Corpus Christi: H.: 200 cm. Maria: H.: 157 cm, B.: 42 cm, T.: 25 cm. Johannes: H.: 126 cm, B.: 38 cm, T.: 21 cm
Abb. 38–41

Die heute voneinander getrennt aufgestellten Figuren bildeten ursprünglich die Triumphkreuzgruppe der Stiftskirche. Ähnlich wie in Clus war sie über dem Lettner vor dem Chor aufgestellt (vgl. Kat. Nr. 6). Wahrscheinlich war ein Balken zwischen den Vierungspfeilern gespannt, auf dem die Figuren befestigt waren, Maria links vom Kreuz stehend, Johannes rechts.

Wie beim Cluser Kruzifixus wird hier der tote Christus gezeigt. Der Körper ist in frontaler Haltung mit drei Nägeln an das Holz geschlagen, die Beine sind leicht geknickt, das Gewicht zieht den Körper nach vorne, so daß die Arme stark gestreckt sind. Alle Formen sind im Kontrast zu den begleitenden Trauerfiguren bewußt reduziert worden. Der Körper ist ausgemergelt, das knappe Lendentuch bedeckt kaum die Scham, die Haare liegen eng am Kopf an. Gegenüber der Cluser Figur erscheint die Darstellung abstrahiert, Christus als Mensch beginnt zu schwinden.

Auch bei Maria und Johannes herrschen schlanke, eher langgestreckte Proportionen vor. Die stoffreichen Gewänder, die den Körper fast vollständig verhüllen, bilden jedoch einen starken Gegensatz zum knappen Lendentuch des Gekreuzigten und betonen damit seine Blöße. Beide Figuren sind in gleicher Weise frontal dargestellt und wirken unbewegt. Die Hände Mariens sind vor der Brust verschränkt, bei Johannes waren sie wahrscheinlich gefaltet. Die Blicke gehen ins Leere. Die innere Bewegung spiegelt sich nur im Faltenwurf der Gewänder, die unterhalb der Arme einen seltsamen Wirbel bilden. In seiner spiegelverkehrten Wiederholung an beiden Figuren wirkt er als formale Rahmung des Gekreuzigten, an dem das Lendentuch fast unbewegt, sein Umschlag nur leicht nach links verschoben ist, um die Richtung des nach rechts gekippten Kopfes aufzunehmen.

Die von der Forschung fast unbeachteten Figuren gehören zu einer der qualitätvollsten Triumphkreuzgruppen in Niedersachsen. Sie liefern die Möglichkeit, an einem Ort die Entwicklung ein und derselben Werkstatt nachzuvollziehen. Der Zusammenhang zu dem in Brunshausen befindlichen Bartholomäusaltar (vgl. Kat. Nr. 9) wird nur über den Vergleich zu weiteren Arbeiten des Epiphanius-Meisters deutlich. Als das ältere Werk zeigen die Gewänder am Bartholomäusaltar langgezogene, schlauchförmige Falten mit spitzwinkeligen Knicken, charakteristisch für den Stil des ausgehenden 15. Jahrhunderts. Die Faltenformen sind abstrahiert, orientieren sich aber letztlich am natürlichen Fall der Stoffe. Nach der Jahrhundertwende werden emotionale Werte in den Darstellungen grundsätzlich stärker betont. Beim Epiphanius-Meister äußert sich das in einem

Abb. 38: Triumphkreuzgruppe. Bad Gandersheim, Stiftskirche. Kruzifix. Hildesheim, Anfang 16. Jahrhundert

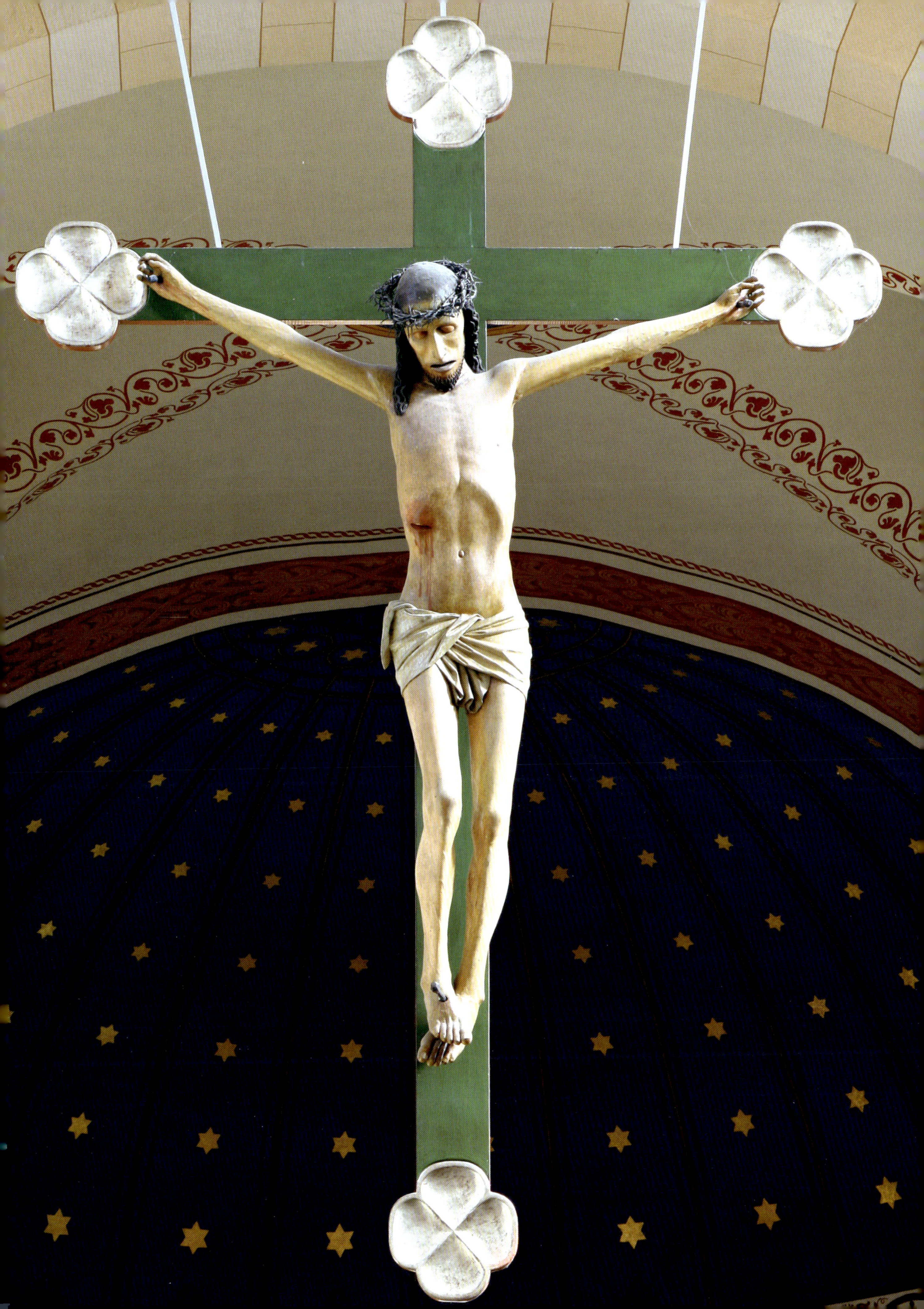

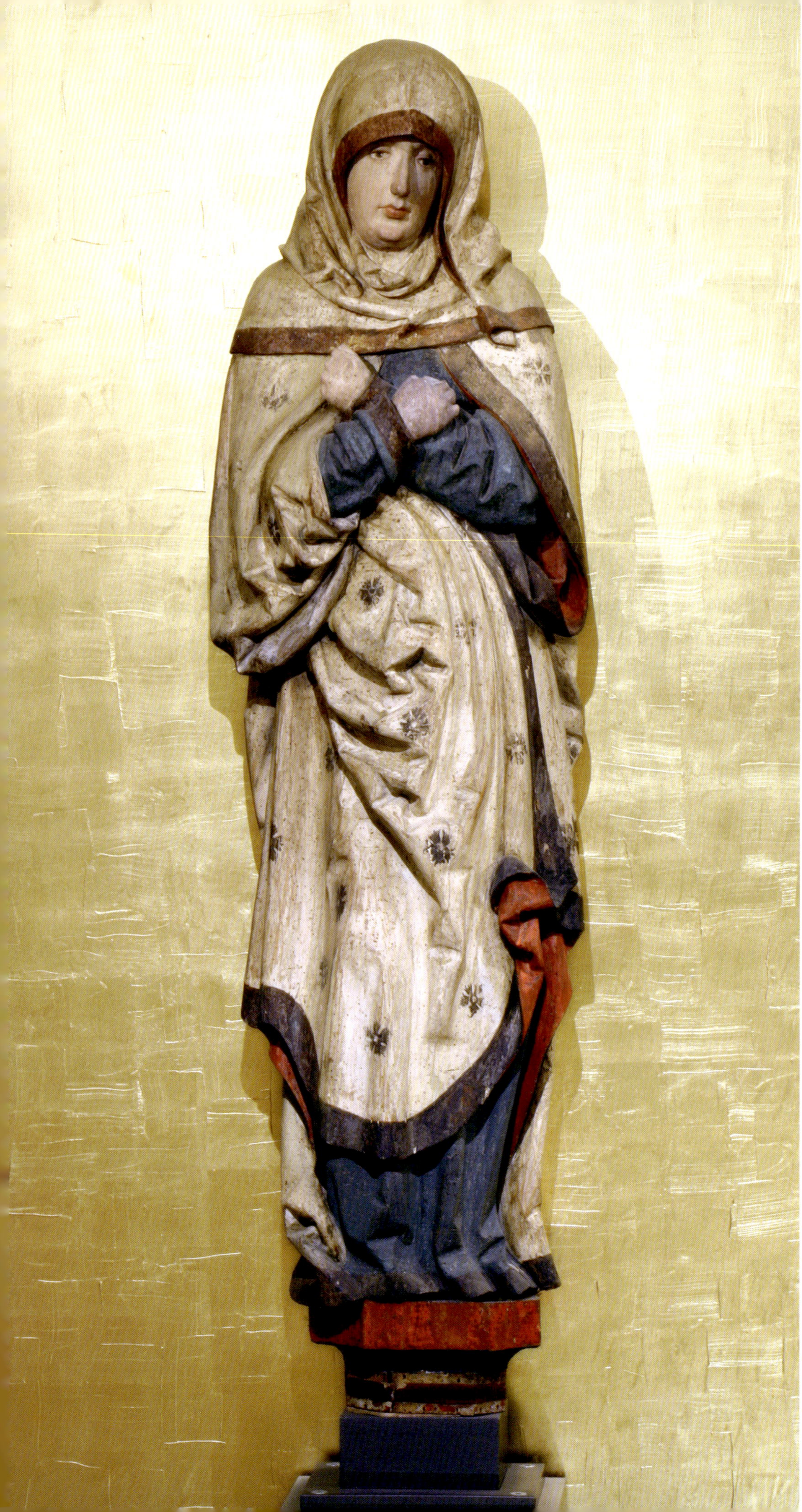

Abb. 39: Triumphkreuzgruppe. Bad Gandersheim, Stiftskirche. Maria

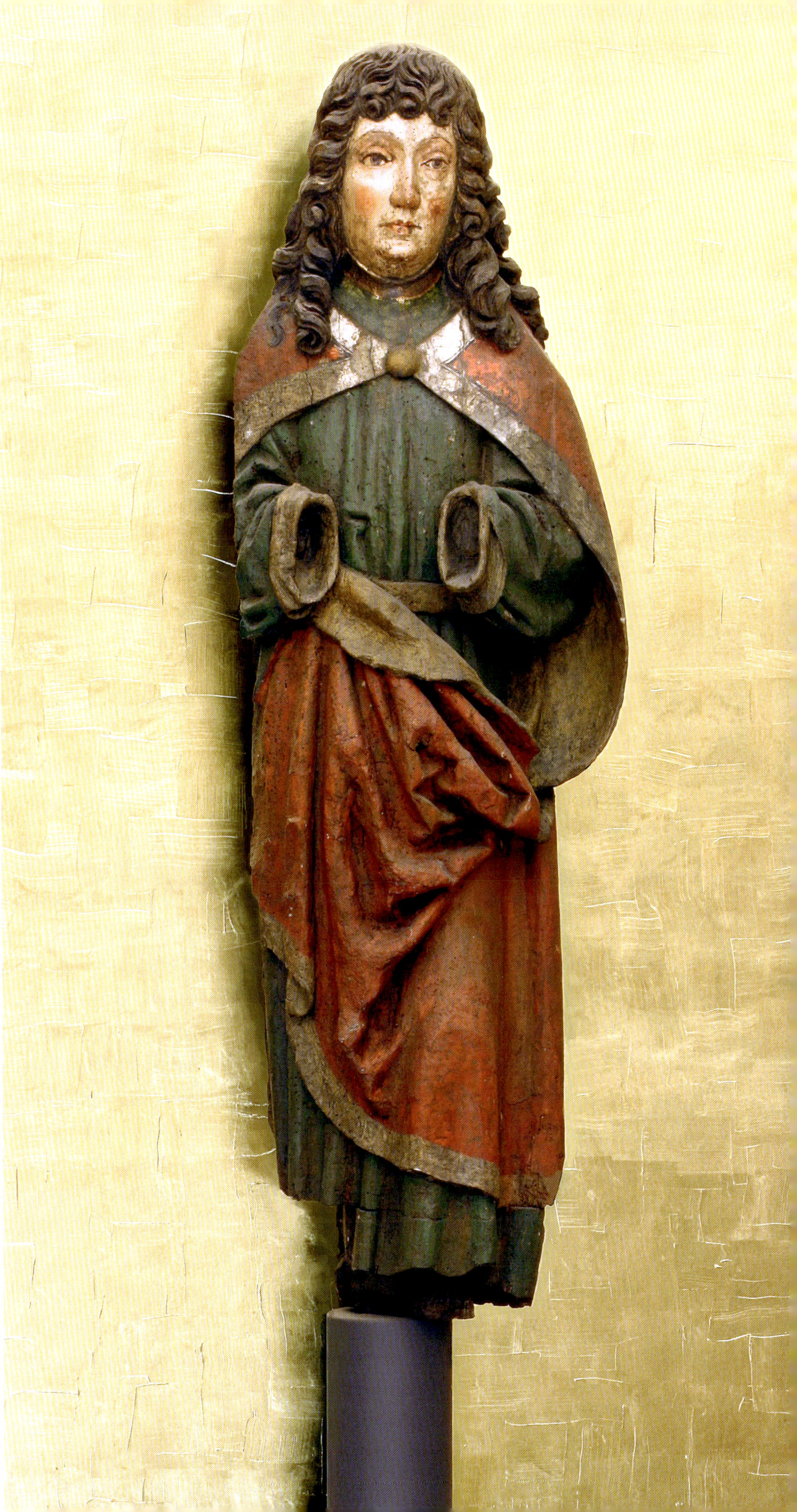

*Abb. 40:
Triumphkreuzgruppe.
Bad Gandersheim,
Stiftskirche.
Johannes*

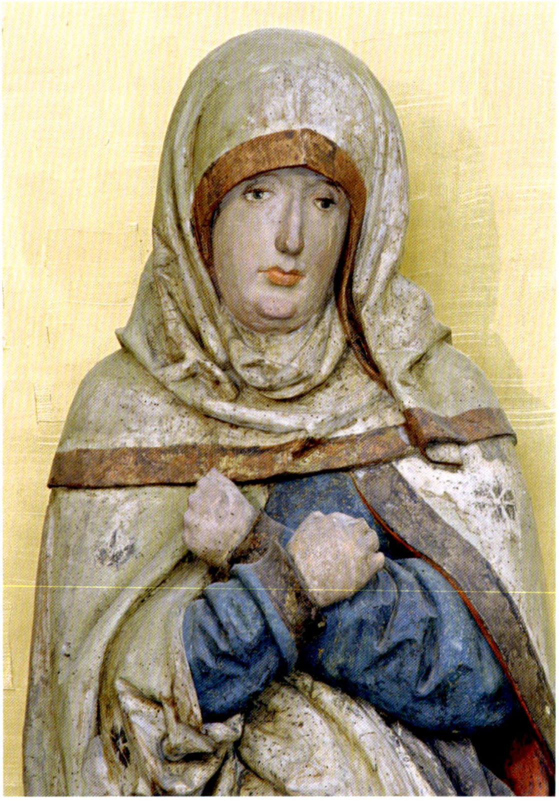

Abb. 41: Triumphkreuzgruppe. Bad Gandersheim, Stiftskirche. Maria, Detail

veränderten Gewandstil, bei dem die Faltenformen plötzlich ein unnatürliches Eigenleben entwickeln, das auf die innere Bewegung der Figuren verweist. Dies läßt sich an dem etwa gleichzeitig mit der Triumphkreuzgruppe entstandenen Schrein des Marienaltars der Alexanderkirche im benachbarten Einbeck beobachten (Abb. 42). Bei etwas breiteren Formen und einer bewegteren Kontur wird das Faltenmuster unter den Armen der Gandersheimer Marienfigur in Einbeck nahezu identisch wiederholt. Auch der rechts im Schrein des Altars stehende hl. Veit zeigt ein ähnliches Muster am Mantel. An dem Gewand des gegenüberstehenden Erasmus hingegen fehlen derartige Motive. Sein Faltenwurf ähnelt noch stark demjenigen am Bartholomäusaltar.

An der Triumphkreuzgruppe zeigt sich deutlich, wie bewußt der Bildschnitzer den veränderten Gewandstil einsetzte. Er wurde nur an den begleitenden Figuren verwendet, während Körper und Lendentuch des toten Christus nahezu unbewegt erscheinen.

Die Figurengruppe wurde spätestens im 19. Jahrhundert demontiert, nachdem der Lettner bereits 1570 abgebrochen worden war. Das weiß übermalte Kruzifix fand seinen Platz auf dem Hochaltar, die Johannesfigur wurde an der südlichen Außenwand der Kirche unter einem Baldachin an der Bartholomäuskapelle aufgestellt und als Imitation einer Steinfigur grau überstrichen. Aus dieser Zeit stammen die durch Witterungseinflüsse bedingten Beschädigungen. Die wechselvolle Geschichte der Aufstellung hat dazu geführt, den ursprünglichen Zusammenhang der Figuren als Gruppe zu bezweifeln, ohne zu erkennen, daß die deutlichen Stilunterschiede bewußt eingesetzt wurden, um die durch den Tod Christi ausgelösten Emotionen darzustellen.

Lit.: BuKd Gandersheim, S. 136f. – Ausst. Kat. Hannover 1938, Kat. Nr. 37, S. 12. – Scheffler 1952, S. 14. – Mahn 1970, S. 57. – DEHIO, S. 152. – Tesch 2000/01. – Tesch 2001. – Gepp 2008, S. 22.

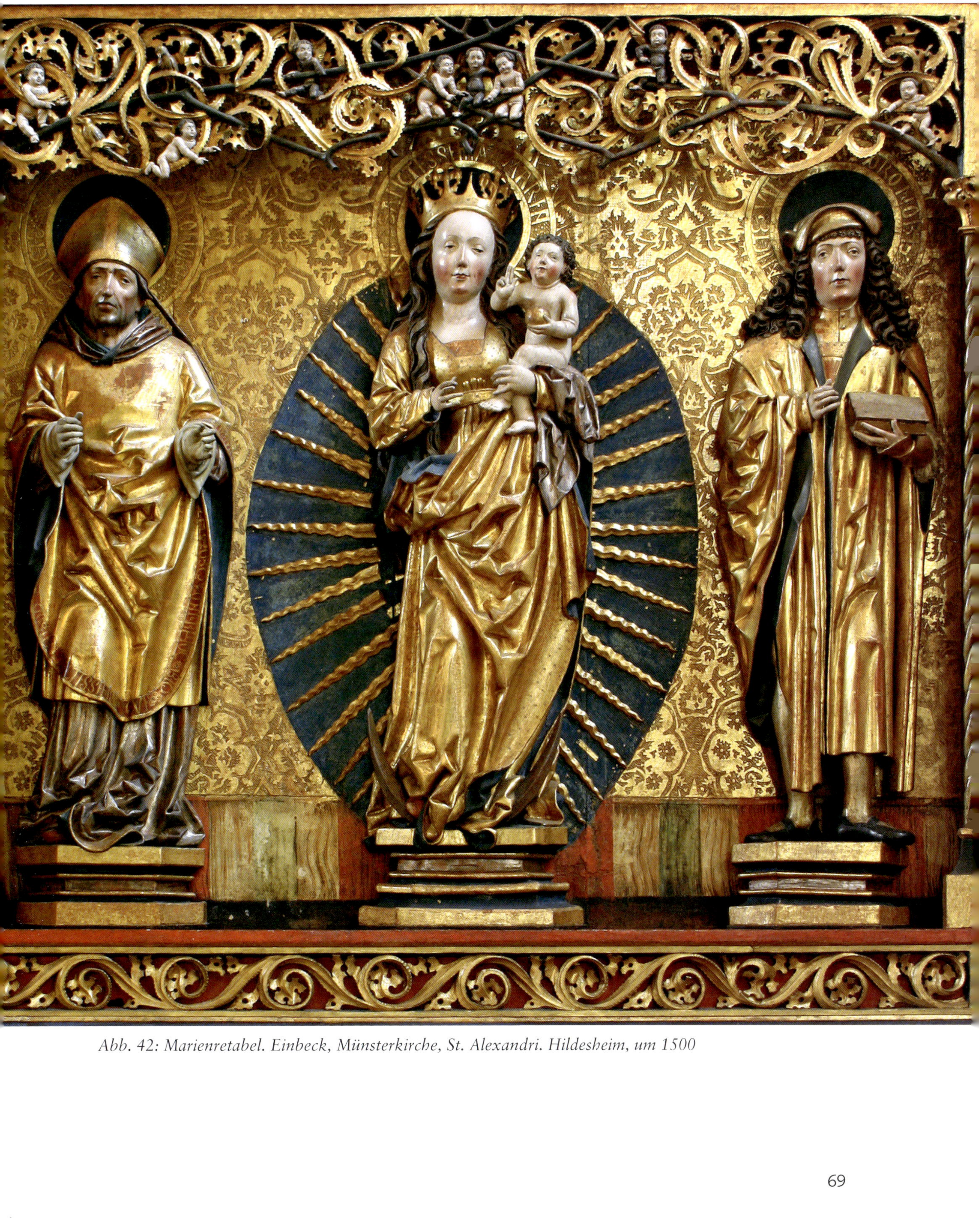

Abb. 42: Marienretabel. Einbeck, Münsterkirche, St. Alexandri. Hildesheim, um 1500

Kat. Nr. 12

Stiftskirche St. Anastasius und Innocentius, Ausstellungsbereich *Portal zur Geschichte* Figur einer hl. Anna Selbdritt

Niedersachsen, Anfang 16. Jh.
Eiche, rückseitig ausgehöhlt, ursprüngl. Fassung größtenteils erhalten.
Vordere Hälfte des Kopfes ergänzt, linke Hand verloren
H.: 44 cm, B.: 25 cm, T.: 16 cm
Abb. 43

Im 14. Jahrhundert entwickelte sich ausgehend von byzantinischen Vorbildern der Typus der sogenannten Anna Selbdritt. In Anlehnung an Marienfiguren wurden die drei Generationen der Familie gezeigt: Christus, Maria und deren Mutter Anna. Ihre Verehrung nahm im Spätmittelalter einen starken Aufschwung, nachdem das Annenfest 1481 durch Papst Sixtus IV. in das römische Kalendarium aufgenommen wurde. Die Gandersheimer Figur dürfte für den Annenaltar der Stiftskirche bestimmt gewesen sein, der Mitte des 15. Jahrhunderts durch den Kanoniker Johann Bilke gestiftet worden war. Er befand sich nördlich des Kreuzaltars am westlichen Vierungspfeiler und damit an prominenter Stelle vor dem Chor.

Die Figur folgt dem Typus des Andachtsbildes. Die hl. Anna sitzt auf einer schmalen Thronbank mit der Gottesmutter auf ihrem linken Knie, die das nackte Kind in ihrem Schoß hält. Die Körperproportionen entsprechen dem Altersabstand: der greisen Anna, der jugendlichen Maria und dem kindlichen Christus. Seine Bedeutung als Gottessohn wird durch den Apfel verdeutlicht, der als Reichsapfel die Herrschaft über die Welt symbolisiert, als Frucht vom Baum der Erkenntnis aber gleichzeitig auch auf die Passion anspielt, mit der die Verbannung aus dem Paradies zurückgenommen wird.

Trotz oder gerade wegen ihres stark zerstörten Erhaltungszustands ist die Figur ein interessantes Beispiel für die religiösen Gewohnheiten nach der Reformation. Die Bilderstürme des 16. Jahrhunderts richteten sich dezidiert gegen die Verehrung von Heiligendarstellungen. In Gandersheim wurden siebzehn von zwanzig nachweisbaren Altären der Stiftskirche am 13. Juli 1543 zerstört, die Kirche muß völlig verwüstet worden sein. Obwohl die Bilderverehrung nach Einführung der Reformation offiziell keine Bedeutung mehr besaß, zeugt die Reparatur der Anna Selbdritt-Figur von ihrer fortdauernden Nutzung. Mit dem primitiv ergänzten Gesicht wird nicht der Wert der Figur als Kunstwerk erhalten, sondern ihre Funktion als Andachtsbild. Es läßt sich nicht ausschließen, daß diese Ergänzung im Zuge der Rekatholisierung unter Herzog Heinrich dem Jüngeren von Braunschweig-Wolfenbüttel nach 1547 erfolgte, obwohl sie stilistisch später erscheint. In jedem Fall hatten sich die Gemüter nach der endgültigen Einführung der Reformation 1568 so weit beruhigt, daß die Figur bis heute erhalten blieb und, je nach Alter der Ergänzung, sogar noch benutzt wurde.

Lit.: BuKd Gandersheim, S. 137, 151f. – Goetting 1973, S. 37. – DEHIO, S. 153. – Klose 2003.

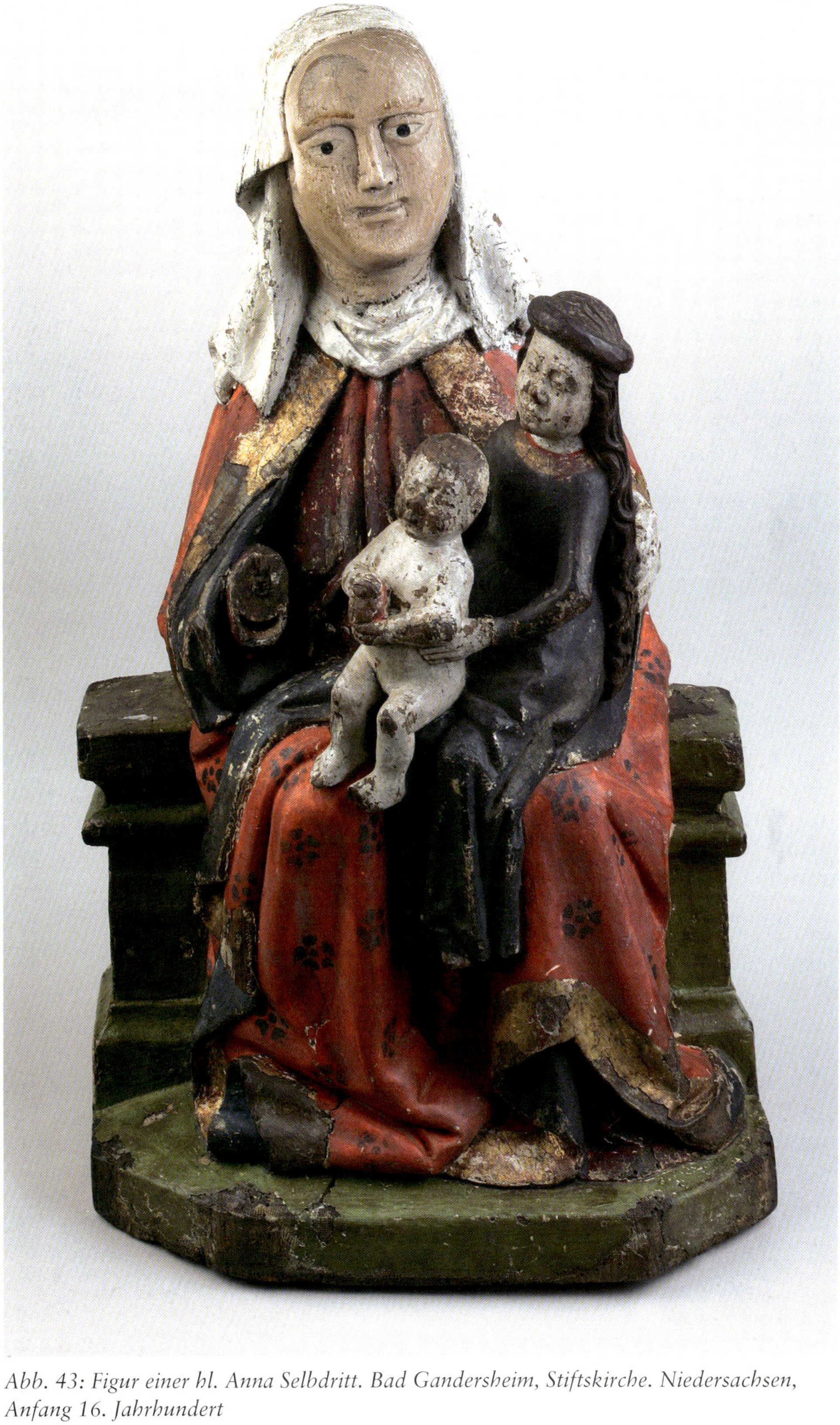

Abb. 43: Figur einer hl. Anna Selbdritt. Bad Gandersheim, Stiftskirche. Niedersachsen, Anfang 16. Jahrhundert

Kat. Nr. 13

Stiftskirche St. Anastasius und Innocentius, Antoniuskapelle Marienretabel (vom Marienaltar der Stiftskirche?)

Skulpturen: Südniedersachsen, 1521 (oder um 1510–15?)
Tafelmalerei: Meister des Hochaltars von Wienhausen (Werkstatt), Braunschweig, 1521
Pentaptychon, äußeres Flügelpaar verloren. Eiche, mit gut erhaltener ursprüngl. Fassung. Kammfries neuzeitlich, Detailergänzungen an Schleierbrettern, Mandorla, Strahlenkranz, Krone und Attributen. Tafelmalerei mit größeren Fehlstellen gut erhalten, Firnis verbräunt
Schrein: H.: 140 cm, B.: 140 cm, T.: 16 cm
Abb. 44–46

Bei dem Marienretabel handelte es sich ursprünglich um ein Pentaptychon, also um einen Schrein mit zwei Paar Flügeln. Die äußeren Flügel sind heute verloren, die Malereien auf den inneren haben sich aber relativ gut erhalten. Auf dem linken Flügel befindet sich, wie beim Retabel aus der Moritzkirche, die Darstellung der Gregorsmesse (vgl. Kat. Nr. 7). Die Ähnlichkeit der beiden Szenen erklärt sich durch einen in Niedersachsen häufiger verwendeten Bildtypus, der durch druckgrafische Vorlagen verbreitet wurde. In diesem Fall diente ein 1511 entstandener Holzschnitt Albrecht Dürers als unmittelbare Vorlage. Anders als beim Moritzkirchenretabel wird hier nicht die vor dem Kelch stehende Figur Christi gezeigt, sondern der aus seinem Grab Auferstehende, der seine blutenden Wundmale vorweist. Deutlicher als bei der älteren Darstellung wird damit die sogenannte Transsubstantiationslehre verbildlicht, nach der sich die Hostie während der Messe in den Leib Christi verwandelt, wie gleichzeitig auch der Wein in sein Blut. Auf der links unten vor dem Altar stehenden Kiste befindet sich die Datierung *ANO 1521*.

Der rechte Flügel zeigt eine Darstellung der Heiligen Sippe. Im Zentrum sitzt als wichtigste Gruppe Maria zusammen mit ihrer Mutter Anna auf einer Bank, zwischen ihnen hockt das nackte Jesuskind. Hinter der Bank steht Annas Mutter, die hl. Emerentia. Mit diesen Figuren, die als einzige einen Heiligenschein aufweisen, wird die direkte mütterliche Ahnenreihe Christi bezeichnet, symbolisiert durch die Lilie, aus der das segnende Jesuskind hervorwächst.

Um die Bank herum sind die verwandtschaftlichen Nebenlinien gruppiert. Der hl. Joseph steht als Vater auf der linken Seite, Annas Ehemann, der hl. Joachim, als Vater Mariens auf der rechten. Vor der Bank befinden sich die Töchter aus den beiden anderen Ehen von Anna, die ebenfalls Maria genannt wurden. Auf der linken Seite sitzt die Tochter des Kleophas, mit ihren Kindern Jakobus dem Jüngeren, Barnabas, Simon Zelotes und Judas Thaddäus. Gegenüber sitzt die Tochter des Salomas mit ihren Kindern Johannes dem Evangelisten und Jakobus dem Älteren.

Die beschauliche Familienidylle hat keine bestimmte Textgrundlage, sondern eine symbolische Bedeutung. Mit ihr werden die Verwandtschaftsbeziehungen zwischen den biblischen Heiligen dargestellt. Die Genealogie war im Mittelalter von immenser Wichtigkeit, wie sich auch an der politischen Bedeutung der Stifterdarstellungen ablesen läßt (vgl. Kat. Nr. 1 und 14). Wer sich auf einen hochstehenden Vorfahren berufen konnte, legitimierte damit seine eigene Stellung. Dieser Aspekt erklärt auch das außergewöhnliche Motiv des aus der Lilie hervorschauenden Christuskindes. Es stammt aus einer sehr seltenen Legendensammlung über das Kreuz Christi, die als Grundlage für ein geistliches Schauspiel diente, das im ausgehenden 15. Jahrhundert von dem wohl in Einbeck oder Alfeld tätigen Kleriker Arnold Immessen geschrieben wurde (die einzige erhaltene Handschrift des „Sündenfall“ befindet sich in Wolfenbüttel, Herzog August Bibliothek, Cod. Guelf. 759. Helmst.). Die Legende reicht bis in die Lebenszeit von Adam

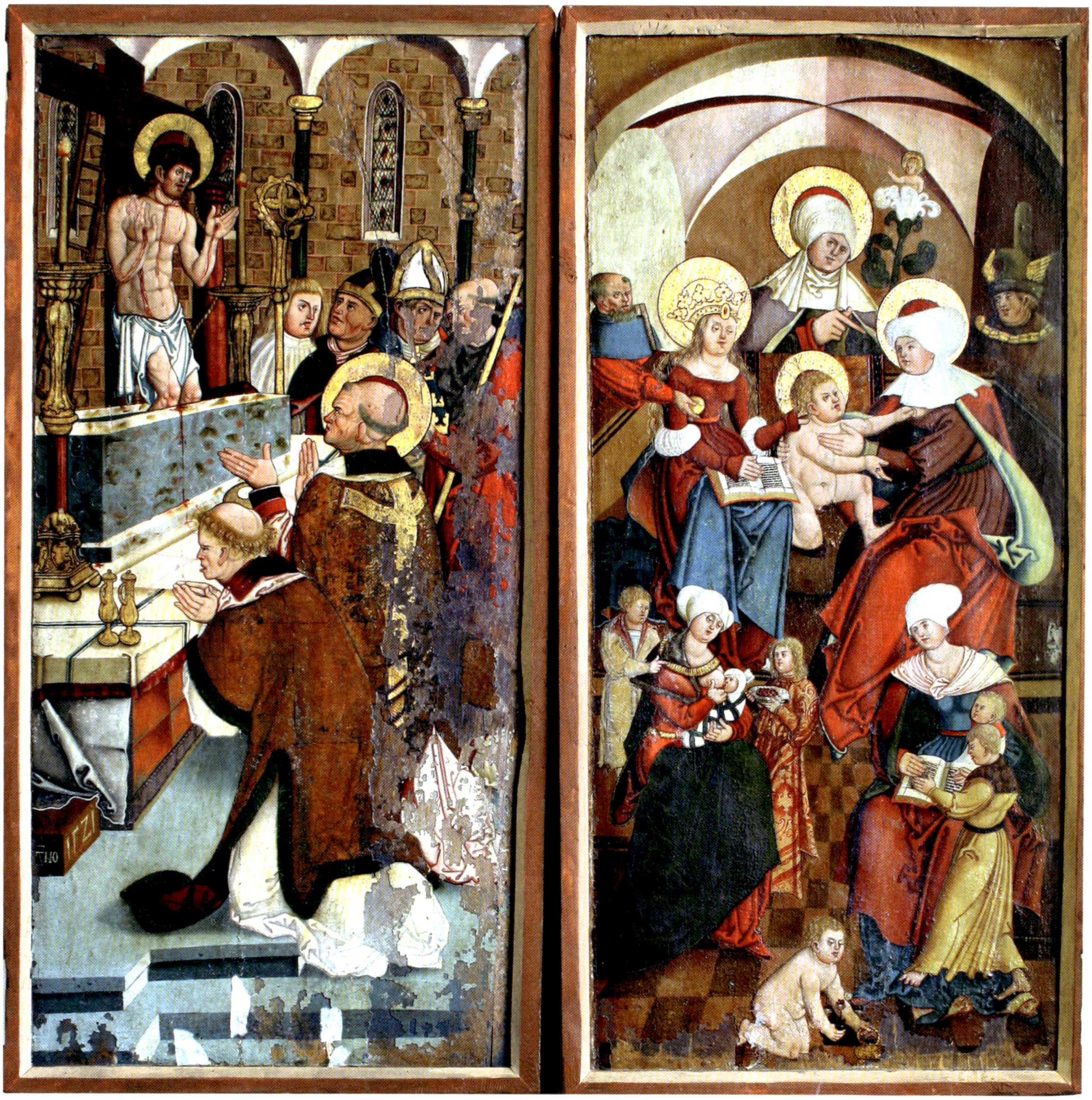

Abb. 44: Marienretabel. Bad Gandersheim, Stiftskirche. Erste Wandlung: Gregorsmesse und hl. Sippe. Südniedersachsen bzw. Braunschweig, 1521

und Eva zurück. Kurz vor seinem Tode habe Adam seinen Sohn Seth ins Paradies gesandt, um einen Apfel vom Baum des Lebens zu erbitten. Dort aber habe ein Knabe in dem Baum gesessen, von dem der Erzengel erzählte, daß dieser der Sohn Gottes sei, der die Sünden Adams und Evas beweine. Wenn aber die Fülle der Zeit gekommen sei, würde er das Öl der Barmherzigkeit sein, das ihnen versprochen wurde. Seth habe drei Körner erhalten, die er dem toten Vater unter die Zunge legte. Aus ihnen wuchs der Baum, aus dem das Holz für das Kreuz Christi geschlagen wurde, so daß der Baum der Erkenntnis, von dem die Frucht der Sünde gepflückt wurde, nun die Frucht der Erlösung trug.

Das aus dieser Episode isolierte Motiv verweist auf die bis in paradiesische Zeiten zurückreichende Erbfolge Christi und fand Eingang in eine Variante der Annenlegende. Annas Mutter Emerentia habe auf dem Berge Karmel eine Vision gehabt, bei der aus ihrem Bauch ein Baum gewachsen sei. Einer der Zweige sei Anna gewesen, eine der Blüten Maria und deren Frucht Christus. Aufgrund

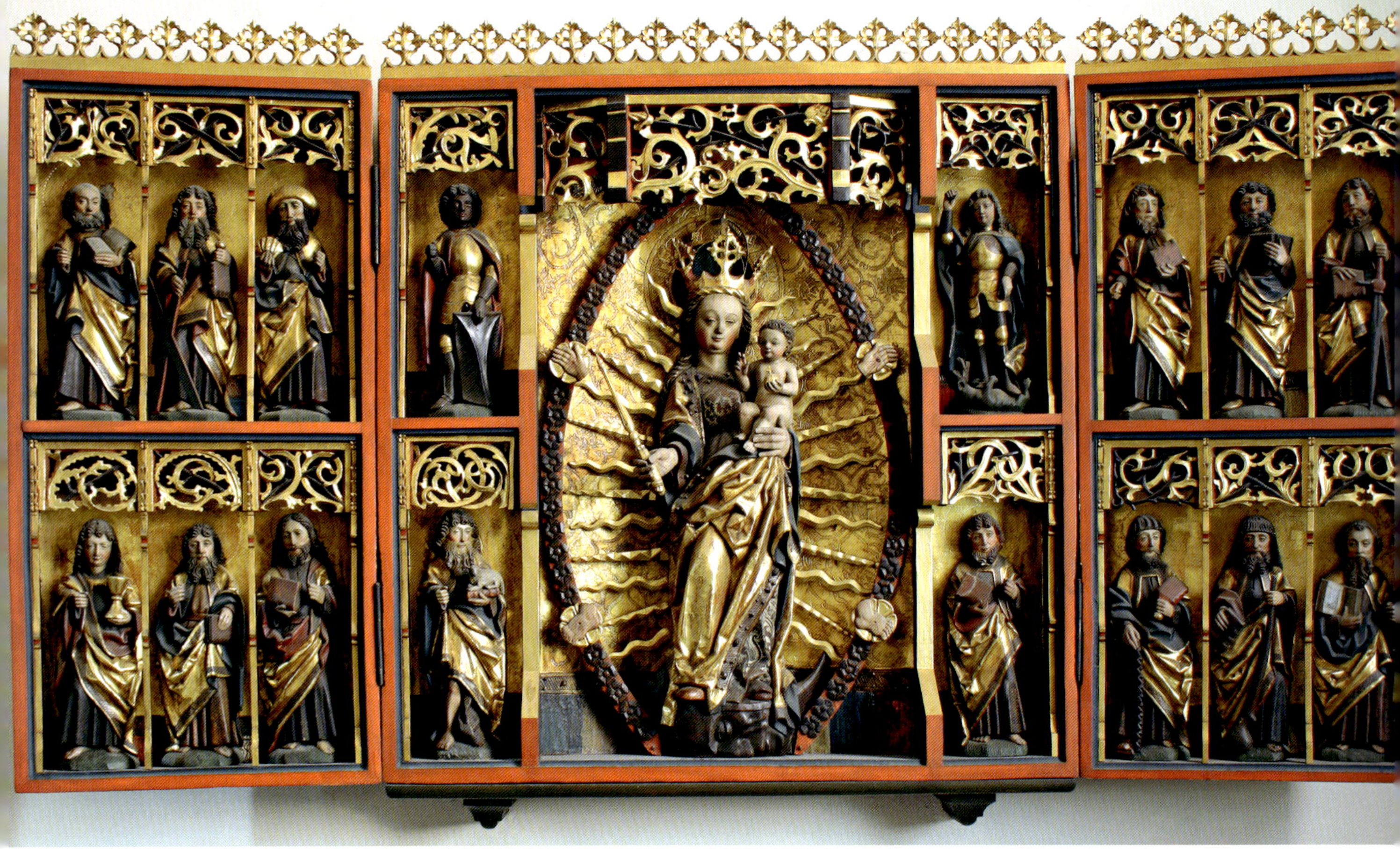

Abb. 45: Marienretabel. Bad Gandersheim, Stiftskirche. Geöffneter Zustand

der Seltenheit der Texte kam das Motiv kaum zur Darstellung, eines der wenigen Vergleichsbeispiele befindet sich in Hildesheim. Auch hier handelt es sich um einen gegen 1520 entstandenen Sippenaltar (Roemer-Pelizäus-Museum, Inv.-Nr. G. 57) aus unbekannter Provenienz, der aber sicherlich aus der Hildesheimer Umgebung stammen dürfte, in der das Schauspiel Arnold Imessens seine Verbreitung gefunden hat.

Die genealogische Bedeutung bezieht sich in Gandersheim aber nicht allein auf die Heilige Familie im engeren Sinne. Auch fünf der Apostel sollen aus der direkten Linie von Anna abstammen, geboren von Müttern, die den gleichen Namen trugen wie die Gottesmutter. Ihr dürfte der Altar geweiht gewesen sein, auf dem das Retabel stand, die Malereien auf den verlorenen Flügeln dürften sich daher auf ihre Kindheitsgeschichte und diejenige Christi bezogen haben.

Der geöffnete Zustand zeigt repräsentative Einzelfiguren. Im Zentrum befindet sich eine Marienfigur, die mit dem in der Apokalypse beschriebenen Weib gleichgesetzt wird: *mit der Sonne bekleidet, und der Mond unter ihren Füßen und auf ihrem Haupt eine Krone von zwölf Sternen* (Offb 12,1). Die Sonne wird hier durch eine Strahlenglorie verkörpert, die in einer Mandorla liegt, einem mandelförmigen Heiligenschein, der die gesamte Figur umfängt. Die Mandorla besteht aus einem Kranz von fünfzig Rosenblüten, der von fünf größeren Medaillons unterbrochen wird. Auf diesen befinden sich die sogenannten fünf heiligen Wunden, die von den Wundmalen gezeichneten Hände und Füße Christi und oben sein blutendes Herz.

Der Rosenkranz verbildlicht eine seit dem beginnenden 15. Jahrhundert entwickelte Gebetsform gleichen Namens. Die Rosen symbolisieren fünfzig Betrachtungen zum Leben Jesu, die mit dem *Ave Maria* in Form eines Seriengebetes verbunden waren. Auf jedes zehnte *Ave Maria* folgte ein *Vater unser.* Als Gedächtnisstütze wurden von den Gläubigen Perlenketten benutzt, wobei sich die sogenannten *Pater*-Perlen durch ihr größeres Format von den *Ave*-Perlen absetzten. Man unterscheidet drei verschiedene Typen: den freuden-, den schmerzens- und den glorreichen Rosenkranz, die den Gegebenheiten der Kindheit, Passion und Auferstehung Christi entsprechen und mit ihren insgesamt 150 Gebeten in Analogie zum Psalter stehen.

Die besonders von den Dominikanern im ausgehenden 15. Jahrhundert weitverbreitete Andacht fand bald als Blütenkranz ihren Eingang in die Kunst. Die fünf Bildmedaillons des Gandersheimer Retabels verweisen auf die Passion, auf das mit der Messe wiederholte Opfer Christi, auf das auch die Darstellung der Gregorsmesse hindeutet. Dem schmerzensreichen Rosenkranz wird hier also die Hauptbedeutung zugesprochen.

Die Gottesmutter steht in einer nach hinten in einem Winkel vertieften Nische, deren Rückwand von einem goldfarbenen Brokatvorhang verhängt wird. Auch die seitlich plazierten Heiligen stehen vor derartigen Vorhängen, ihre Nischen sind jedoch weniger tief ausgebildet. Links oben befindet sich der hl. Mauritius, der legendäre Hauptmann der thebäischen Legion, von dem bedeutende Re-

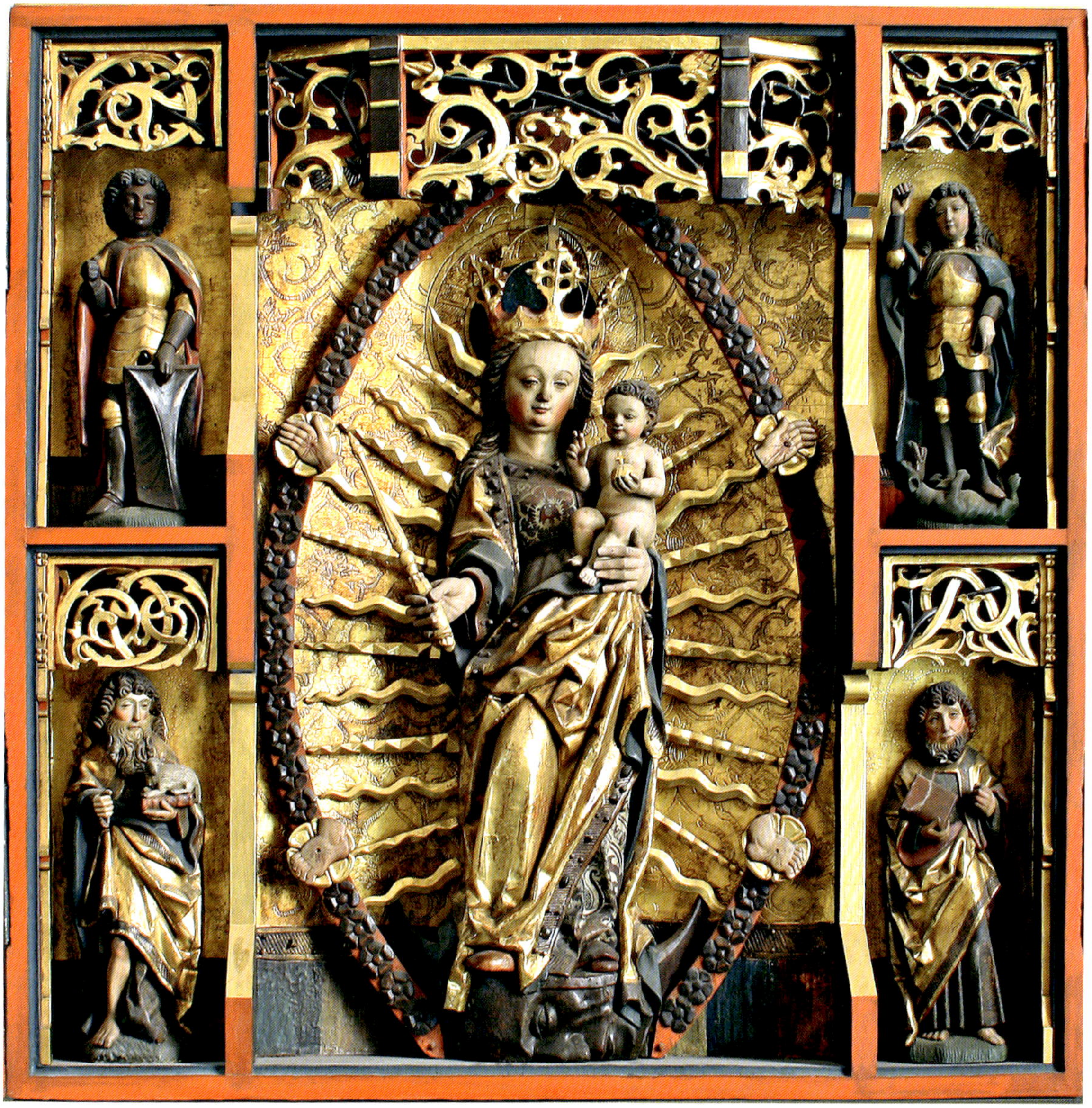

Abb. 46: Marienretabel. Bad Gandersheim, Stiftskirche. Schrein

liquien im nahegelegenen Magdeburg aufbewahrt wurden. Ihm gegenüber steht entsprechend als Ritterheiliger Georg. Unten sind Johannes der Täufer und ein nicht identifizierbarer Heiliger aufgestellt. In den Flügeln stehen die Figuren der zwölf Apostel. Alle sind rückwärtig numeriert und mit ihrem Attribut bezeichnet und stehen an ihren auf der Rückwand markierten ursprünglichen Standorten, ein Verfahren, das auch bei den Apostelfiguren des zerstörten Retabels der Stiftskirche verwendet wurde (vgl. Kat. Nr. 10).

Man hat bisher immer gedacht, daß das Marienretabel ursprünglich auf dem Hochaltar des südöstlich vor der Stadt gelegenen Benediktinerinnenklosters St. Marien gestanden habe. Nach der Einführung der Reformation wurden die Nonnen 1570 zur Aufgabe ihres Klosters gezwungen. Die nicht mehr benutzte Kirche begann bald zu verfallen, so daß Herzog Julius von Braunschweig-Wolfenbüttel 1582 verfügte, *das die herrliche Taffel, so in der Kirchen zu S. Marien noch vorhanden, daraus genommen vnd in die Munsterkirchen* [...] *auf den hohen Altar gesetzet* werden solle (BuKd Gandersheim, S. 132). Neuerdings hat Birgit Heilmann aber auf eine bisher nicht beachtete Quelle aufmerksam gemacht, auf eine im Rahmen der Versetzung angefertigte Beschreibung dieses Retabels: *Erstlich ist die Tafel achte fuß lang und inwendig darin ein geschnizedt Marien belde* [...] *auf der rechten seiten stehen ~~Sta~~ Katharina* [...], *Item Sanctus Benedictus* [...]. *Zur linken seiten Sta Barbara* [...], *Item Sancty Panthaleon* [...], *auf den flügeln außwendigk ist zur rechten seiten gemhaledt Genealogia Christi auf der linken handt obdormitio Sanctae Mariae, Inwendig sein auf alle vier flugel Vier Stucke auß der Passion gemhaledt,* [...] *Außwendig auf die flügel ist gemaledt Annunciatio Mariae, Et historia Gregorii Magni papae Item unten in der Tubben stehen die zwölff Apostel geschnitzett* [...] (Kopie eines Kopialbuches der St. Marienkirche. Wolfenbüttel,

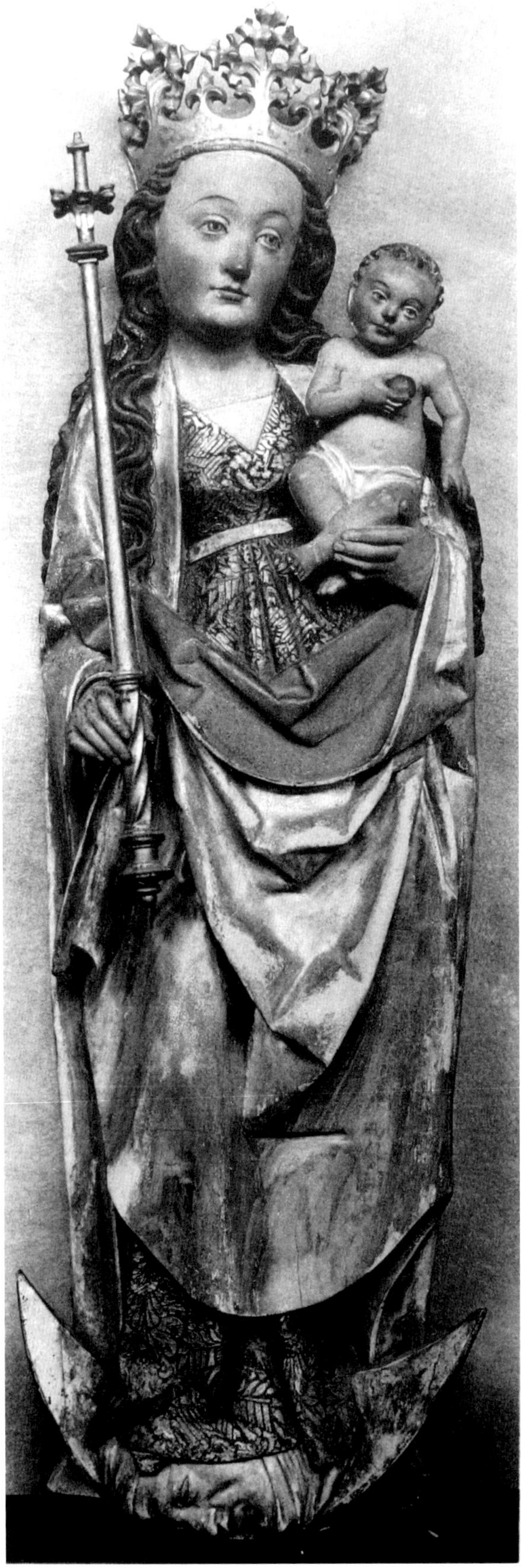

Abb. 47: Marienfigur aus einem verlorenen Retabel. Duderstadt, Ursulinenkloster. Duderstadt, um 1500

Herzog-August Bibliothek. Nds StA WF, 11 Alt Gand FB.1, Nr.III, 8).

Obwohl die Beschreibung in einigen Teilen unklar bleibt, zeigt sich doch deutlich, daß das aus dem Marienkloster stammende Retabel sich in entscheidenden Punkten von dem in der Stiftskirche erhaltenen unterschieden hat. Die zentrale Marienfigur war auf der linken Seite von den hll. Barbara und Panthaleon und rechts von Katharina und Benedikt flankiert, wobei nicht deutlich wird, ob die Figuren im Schrein oder in einzelnen Gefachen auf den Innenseiten der Flügel aufgestellt waren. Letzteres scheint wahrscheinlicher, da sich *außwendigk* auf den Flügeln links der Tod Mariens und rechts eine Sippendarstellung befanden. Die Innenseiten der Außenflügel zeigten vier Passionsszenen, auf ihren Außenseiten waren die Verkündigung und die Gregorsmesse dargestellt. Mit der *Tubben* dürfte die Predella gemeint gewesen sein, in der sich die Figuren der zwölf Apostel befanden.

Das System ist ungewöhnlich, die Apostelfiguren würde man eher in den Flügeln als in der Predella erwarten. Es läßt sich aber nicht mehr entscheiden, ob dies die originale Aufstellung war oder ob sie auf einen nachträglichen Umbau zurückzuführen ist. In jedem Fall kann es sich nicht um das Retabel in der Stiftskirche gehandelt haben. Das erhaltene Marienretabel muß zum ursprünglichen Bestand der Kirche gehören. Es dürfte wahrscheinlich auf dem Marienaltar in der nördlichen Chorseitenkapelle gestanden haben.

Die Quelle ist ein wichtiges Zeugnis für die Darstellungsnormen im südlichen Niedersachsen. Die Gregorsmesse gehört zu den insgesamt eher selten dargestellten Szenen. In Gandersheim befanden sich jedoch mindestens drei Retabel, die die Szene zeigten, alle in enger Verbindung zur Marienverehrung. Die Gründe für diese Häufung lassen sich nicht mehr benennen, aber es wurde schon häufiger vermutet, daß der Ursprung einiger der Bildmotive in Niedersachsen liegt.

Als das jüngste der in Gandersheim erhaltenen Retabel zeigt der Marienaltar eine komplexe Mischung künstlerischer Bezüge. Die Malereien lassen sich wahrscheinlich dem Umkreis einer in Braunschweig tätigen Werkstatt zuordnen, die nach dem Hochaltar des Zisterzienserinnenklosters in Wienhausen benannt worden ist. Die Skulpturen dagegen verweisen eher auf den näheren Umkreis von Gandersheim. Die Marienfigur folgt einem im südlichen Niedersachsen weitverbreiteten Modell. Eng verwandt ist eine um 1500 entstandene Marienfigur in der Kirche des Ursulinenklosters in Duderstadt, die vielleicht aus derselben Werkstatt stammt (Abb. 47). Über verschiedene Zwischenstufen zeigen sich hier zurückreichende Bezüge zur Braunschweiger Plastik um Cord Borgentrik (vgl. Kat. Nr. 7). Der Gesichtstyp der Maria dagegen weist bereits auf die Werke des in Northeim und Göttingen tätigen Bildschnitzers Bartold Kastrop voraus. An seinen Hauptwerken zeigen die Gewänder jedoch weitaus stärker aufgeworfene Stoffe, die darin dem Gandersheimer Retabel nahekommen. Eng vergleichbar ist etwa die Marienfigur eines Retabels aus Förste, das sich heute in Nienstedt bei Osterode befindet.

Aufgrund der engen Bezüge zu diesen beiden Figuren dürften sich die Skulpturen des Marienretabels in die Gegend von Northeim, Göttingen oder Duderstadt lokalisieren lassen. Von dort stammen auch die Apostelfiguren aus dem zerstörten Retabel der Stiftskirche (vgl. Kat. Nr. 10), die stilistische Parallelen erkennen lassen. Auch das Marienkloster hat Aufträge in diese Gegend vergeben. So wurde die zwischen 1504–10 für das Kloster neuangefertigte (heute zerstörte) Orgel von dem in Göttingen und Northeim tätigen Maler Hans Raphon verziert.

Gemessen an der Datierung der Malflügel erscheint der Stil der Skulpturen seltsam rückständig. Möglicherweise wurde das Retabel ähnlich wie der Bartholomäusaltar (vgl. Kat. Nr. 9) bereits um 1510–15 angefertigt und erst ein paar Jahre später bemalt.

Lit.: Münzenberger/Beissel 1885–1906, Bd. 2, S. 207. – BuKd Gandersheim, S. 132ff. – von Einem 1933, S. 99. – Ausst. Kat. Corvey 1966, Bd. 2, S. 385 (Wolfgang Eckhardt). – Gmelin 1974, S. 62 und S. 457ff. mit Kat. Nr. 153. – Goetting 1974, S. 90. – DEHIO, S. 152. – Kummer/Kuppe 1997. – Gepp 2008, S. 28–30. – Heilmann 2009, S. 54.

Kat. Nr. 14

Stiftskirche St. Anastasius und Innocentius, Chor, Nordwand
Tafel mit einer Darstellung Graf Liudolfs und seiner Frau Oda

Niedersachsen/Mitteldeutschland um 1520–30
(oder Hildesheim, 1581?)
Öl auf Holz. Firnis stark verbräunt, Brettverleimungen der Tafel gelöst. Rahmung wohl neuzeitlich
H. (ohne Rahmen): 110 cm, B.: 79 cm
Abb. 48, 49, 51, 52

Der Kirchenstifter steht zusammen mit seiner Frau in einem nicht näher bestimmten, aber betont prächtig dargestellten Raum. Der Boden ist gefliest, die Wand wird von einem schweren Samtbehang verhängt, auf den ein Granatapfelmuster gestickt ist. Die reiche Kleidung verweist auf den hohen Stand der Dargestellten. Das Gewand der Gräfin ist mit Hermelin verbrämt, die Mäntel sind mit Goldbrokat besetzt, Haarreif und Haube mit exotischen Federn. Beide tragen Ketten um den Hals und Liudolf als Zeichen seiner Herrscherwürde ein über die Schulter gelegtes Schwert. Sie halten ein großes Modell in ihren Händen, das bis ins kleinste Detail den Zustand der Stiftskirche im 16. Jahrhundert zeigt. Unterhalb der Darstellung befindet sich eine von zwei Wappen flankierte Inschrift: *Da man thet schreibn 800 Jar / Vnd 53 die Jarzal war / Der Tapffer Helt Ludolff genandt / Der erst Hertzoch in Sachsen Landt / Vnd Oda sein Fraw Lobesan / Diss loblich Stifft erbawet han.*

Mit der Tafel wird also ähnlich wie bei der Grabfigur (vgl. Kat. Nr. 1) durch Bild und Text an die fast 700 Jahre zurückliegende Stiftung erinnert und damit gleichzeitig auf die vorbildliche Lebenshaltung des Herzogspaares verwiesen.

Das Bild ist untypisch für seine Entstehungszeit. Anders als im 13. Jahrhundert läßt sich am Ausgang des Mittelalters keine allgemein verbreitete Rückbesinnung auf Kirchenstifter feststellen. Der Maler, dem der Auftrag übertragen wurde, stand zudem vor dem Problem, ein Stifterehepaar darstellen zu müssen. Der Typus dieses fiktiven Doppelportraits ist so ungewöhnlich, daß sich in diesem Fall das Vorbild benennen läßt. Eine eng vergleichbare Darstellung zeigt die Mitteltafel eines in Hof befindlichen Retabels (Abb. 50). Es wurde um 1480 von dem aus Bamberg stammenden Domdekan Hertnidt vom Stein gestiftet und stammt wahrscheinlich aus der Werkstatt des Malers Wolfgang Katzheimer. Wie in Gandersheim so ist auch hier ein Ehepaar dargestellt, Kaiser Heinrich II. mit seiner Gemahlin Kunigunde, den heiliggesprochenen Stiftern des Bamberger Doms. Die Tafel zeigt sämtliche Motive, die auch in Gandersheim zu finden sind: den Wandbehang, den gefliesten Boden, die Körperhaltungen, eine vergleichbar prachtvolle Kleidung, die betonte Größe des von rechts gesehenen Kirchenmodells bis hin zu einer Wappendarstellung, die sich hier neben dem zusätzlich dargestellten Stifter der Tafel befindet.

Das Hofer Retabel – oder ein vergleichbares Werk – bot sich als Vorbild an, da die Verehrung des Kaiserpaares durch die Heiligsprechung im ganzen Mittelalter fortdauerte, so daß man in Bamberg über zeitgenössische Bildmodelle verfügte. In Gandersheim beschränkte man sich allerdings auf die fast identische Übernahme der Bildidee in zeitgemäßer Überformung. Anders als in Hof dürfte die Tafel kaum als Teil eines Retabels gedient haben. Das Herzogspaar war nicht heiliggesprochen worden, ein vergleichbarer Aufbau wäre also undenkbar gewesen.

Abb. 48: Tafel mit einer Darstellung Graf Liudolfs und seiner Frau Oda. Bad Gandersheim, Stiftskirche. Niedersachsen/Mitteldeutschland, um 1520/30

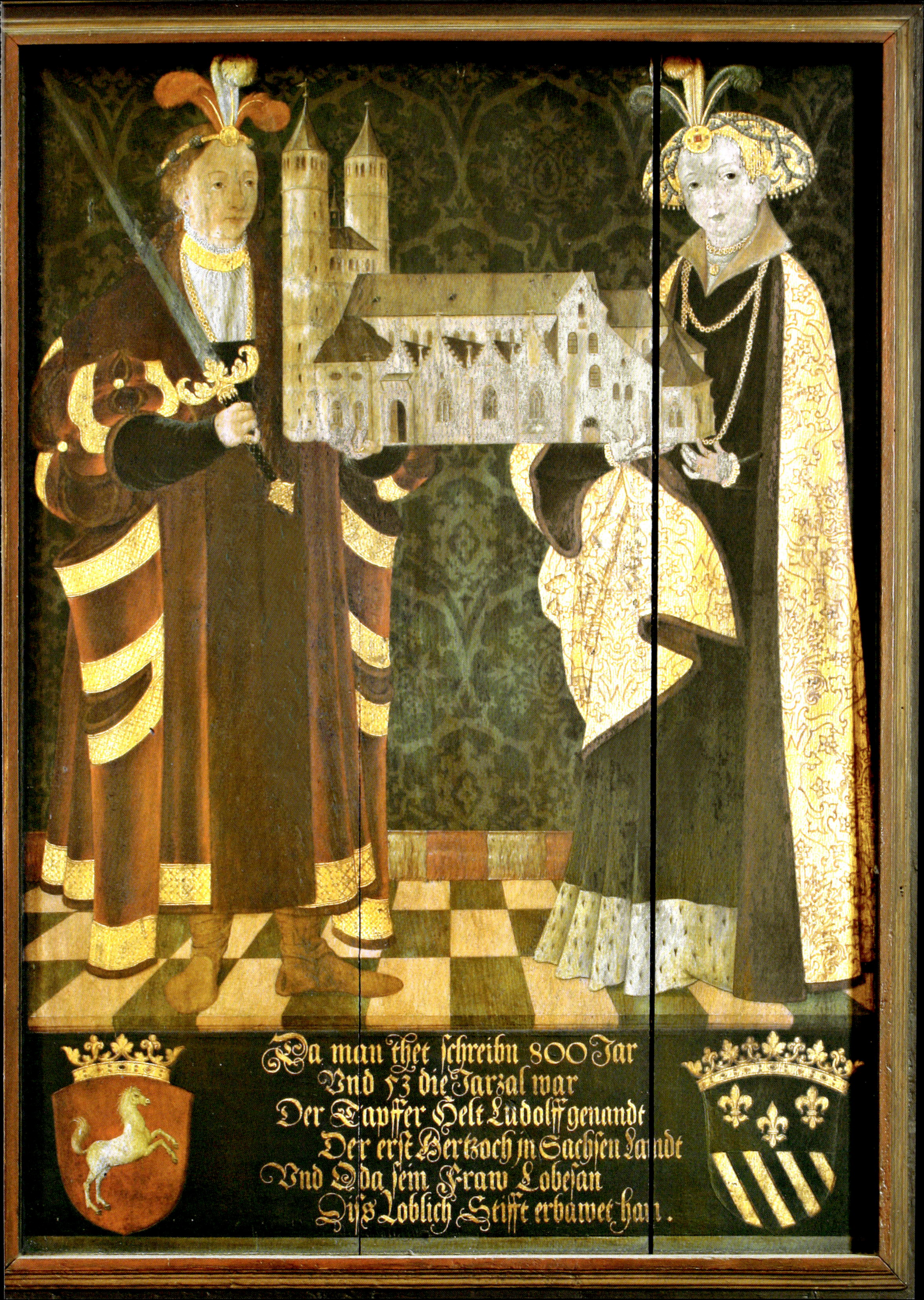
Da man thet schreibn 800 Jar
Vnd 53 die Jarzal war
Der Tapffer Helt Ludolff genandt
Der erst Hertzoch in Sachsen Landt
Vnd Oda sein Fraw Lobesan
Diss Loblich Stifft erbawet han.

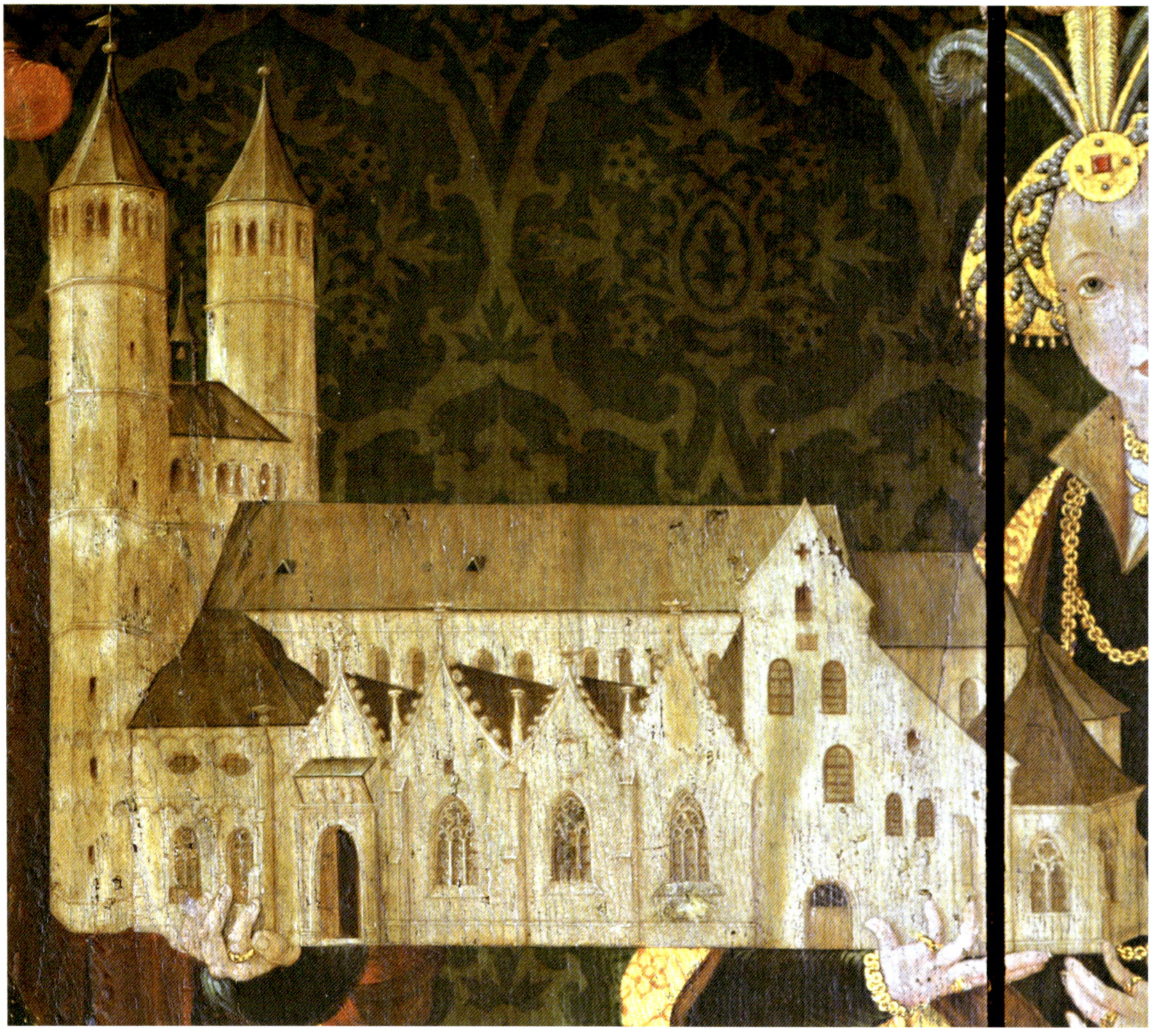

Abb. 49: Tafel mit einer Darstellung Graf Liudolfs und seiner Frau Oda. Detail: Modell der Stiftskirche

Durch die Inschrift bekommt das Bild den Charakter eines Epitaphs, einer Gedenktafel. Da sich in der Kirche aber bereits ein aufwendig gestaltetes Stiftergrabmal befand, muß der Auftrag für ein derartiges Bild verwundern. Es konnte keine Funktion erfüllen, sondern war nichts anderes als eine teure Zierde.

Aufgrund einer falsch interpretierten Quelle hat man die Tafel für eine 1581 in Hildesheim entstandene Arbeit gehalten. Mit dem Verweis auf das Hofer Vorbild zeigt sich deutlich, daß der Künstler auf spätgotische Modelle zurückgegriffen hat. Ende des 16. Jahrhunderts ließe sich das nur als anachronistisch bezeichnen, eine Entstehung in dieser Zeit scheint undenkbar. Zudem lassen sich Bezüge zu dem seit 1510 in Wittenberg tätigen Hofmaler Lucas Cranach feststellen, dessen Frauenfiguren vergleichbare Gesichtstypen zeigen. Cranach stammt aus dem Bamberger Gebiet, sein Vater war Stadtmaler von Kronach. Es wäre also durchaus denkbar, daß der Entwurf der Gandersheimer Tafel durch den Cranach-Kreis vermittelt wurde. Damit läßt sich die Entstehung des Bildes wahrscheinlich auf das südniedersächsische oder mitteldeutsche Gebiet im zweiten oder dritten Jahrzehnt des 16. Jahrhunderts eingrenzen.

Die Auftraggeber der Tafel lassen sich nur schwer bestimmen. Die Wappen geben keine Anhaltspunkte, es handelt sich um reine Phantasiedarstellungen. Der Aufwand spricht für eine teure Arbeit,

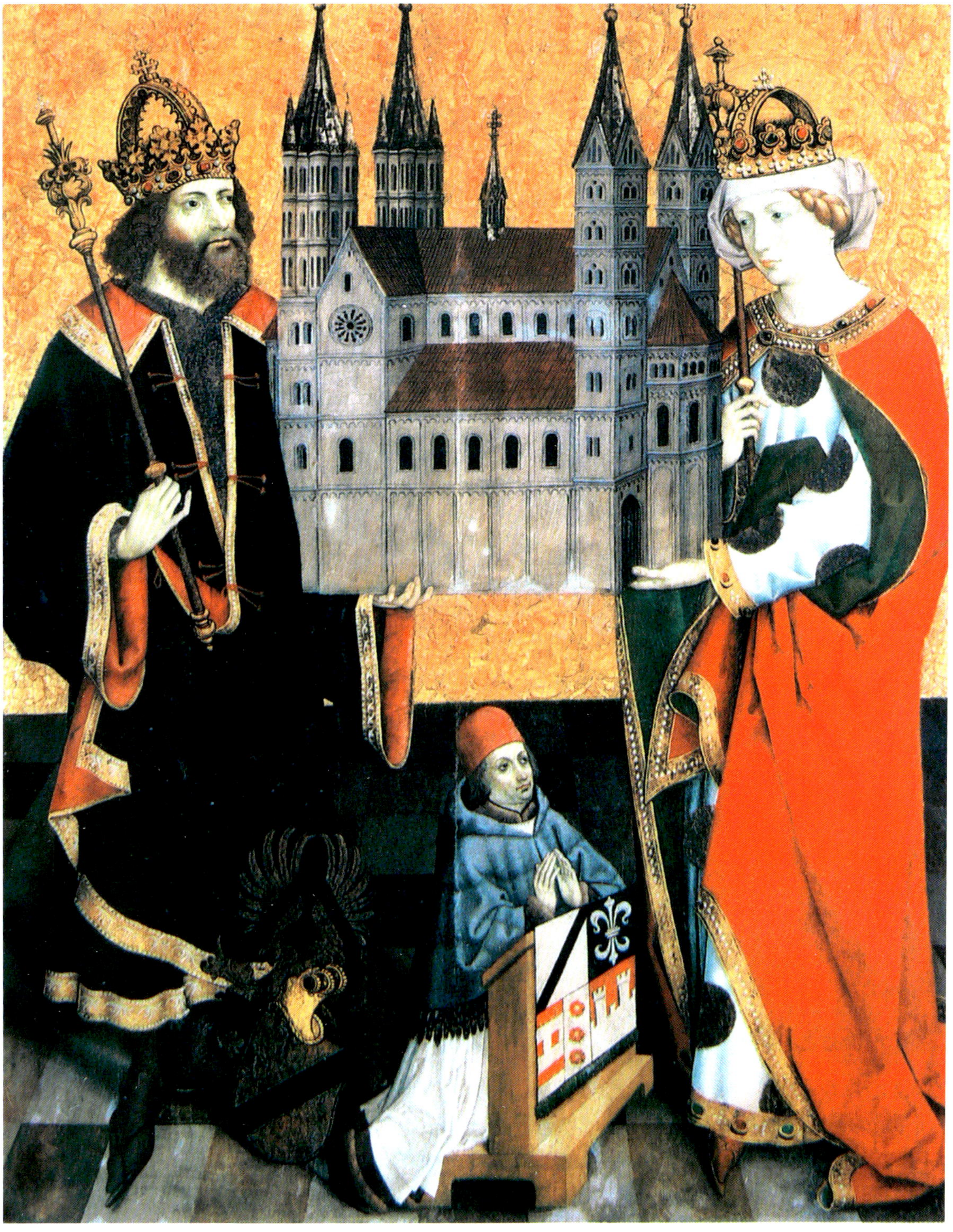

Abb. 50: Mitteltafel eines Heiligenretabels. Hof, St. Lorenz. Bamberg, um 1480

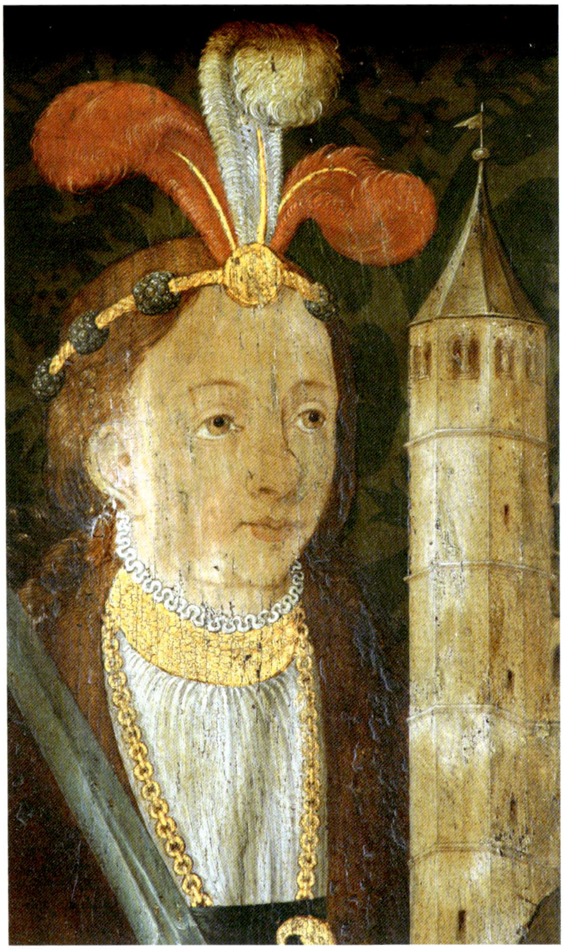

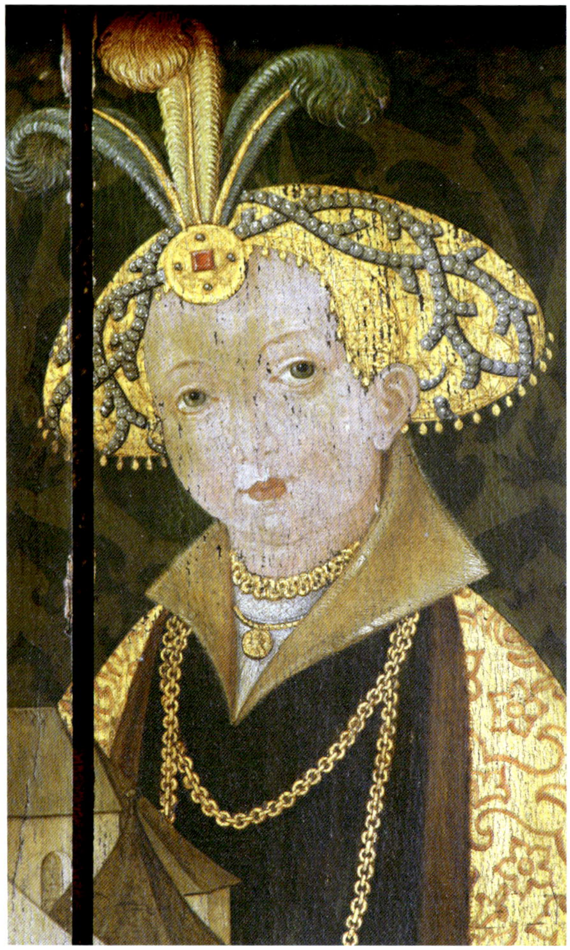

Abb. 51, 52: Tafel mit einer Darstellung Graf Liudolfs und seiner Frau Oda. Details

die nur von finanzkräftigen Stiftern zu tätigen war. Es stellt sich also die Frage, ob der Auftrag durch den Konvent oder von außen erfolgte, also von einem der Braunschweiger Herzöge stammte.

Die zeitpolitischen Umstände der zwanziger Jahre ähneln auffallend der Situation im ausgehenden 13. Jahrhundert. Aufgrund interner Zwistigkeiten waren 1504 zwei Kanonissen gleichzeitig zur Äbtissin gewählt worden. Die gegnerischen Parteien konnten sich nicht auf eine Kandidatin einigen und brachten ihren Streit vor das päpstliche Berufungsgericht, das trotz einer eindeutigen Entscheidung den Konflikt auf Dauer nicht lösen konnte. 1518 wurde durch die Vermittlung Herzog Heinrichs des Jüngeren von Braunschweig-Wolfenbüttel ein Vergleich geschlossen. Gertrud von Regenstein wurde in ihrem Amt als Äbtissin bestätigt, ihre Konkurrentin Katharina von Hohnstein zu ihrer Koadjutorin und Nachfolgerin bestimmt. Nachdem die Äbtissin jedoch ihrer Stellvertreterin das Entscheidungsrecht und eine Jahresrente verweigerte, nutzte der Herzog den Konflikt, um seine eigene Machtposition in Gandersheim auszubauen, bis ihm das Reichskammergericht 1529 in kaiserlichem Namen weitere Übergriffe auf das Stift untersagen mußte. Da die Konflikte innerhalb der Stiftsobrigkeit aber nicht gelöst worden waren, konnte der Herzog mit Billigung der Äbtissin seine eigene Tochter Maria zur Koadjutorin bestimmen lassen und damit den Einfluß Katharina von Hohnsteins beschränken. Gleichzeitig bewirkte er die Aufnahme zweier Edelfräulein in das Stift, von denen er eine zur Dekanin bestimmte. Nach dem Tod der Äbtissin 1531 gelang es dem Herzog in den folgenden Jahren, mit diesen Besetzungen die Macht über das Stift in seine Hände zu bringen.

In diesem Kontext läßt sich die Tafel nur als Auftrag Herzog Heinrichs des Jüngeren verstehen. Keine der beiden Konkurrentinnen um den Äbtissinnenstuhl wäre in dieser Zeit auf die Idee gekommen, mit einer derartigen Tafel an die herzogliche Stiftertätigkeit zu erinnern, wo der eigene Landesherr im Begriff war, die Kanonissen vollständig zu entmachten. Wie schon im 13. Jahrhundert liegt die Motivation für den Auftrag in den politischen Umständen begründet. Mit dem Gedenken an die vorbildliche Haltung des liudolfingischen Herzogspaares setzte sich der amtierende Landesherr, Herzog Heinrich der Jüngere, in eine Traditionslinie, mit der er sein unrechtmäßiges Verhalten zu legitimieren versuchte.

Lit.: BuKd Gandersheim, S. 166. – Goetting 1973, S. 40. – DEHIO, S. 153. – Gepp 2008, S. 23–25.

Literatur

AKL
Allgemeines Künstlerlexikon. Die bildenden Künstler aller Zeiten und Völker. München, Leipzig 1994ff.

Ausst. Kat. Corvey 1966
Kunst und Kultur im Weserraum 800–1600. 2 Bde. Münster 1966.

Ausst. Kat. Hannover 1938
Spätmittelalterliche Bildschnitzerei zwischen Weser und Elbe. Hannover 1938.

Baumann/Gosebruch o. J.
Walter Baumann und Martin Gosebruch: Stift Gandersheim. Freiburg o. J.

Bilzer 1952
Bert Bilzer: Konrad Borgentrik's geschnitzter Flügelschrein von 1483 (Mitteilungen des Städtischen Museums Braunschweig). Braunschweig o. J. (1952).

Bode 1887
Wilhelm Bode: Geschichte der deutschen Plastik (Geschichte der deutschen Kunst, Bd. 2). Berlin 1887.

BuKd Gandersheim
Karl Steinacker: Die Kunstdenkmale des Kreises Gandersheim (Kunstdenkmälerinventare Niedersachsens. Neudruck des gesamten Werkes 1889–1976. Hrsg. in Zusammenarbeit mit dem Niedersächsischen Landesverwaltungsamt – Institut für Denkmalpflege – Hannover, Bd. 12). Osnabrück 1978. = Karl Steinacker: Die Bau- und Kunstdenkmäler des Kreises Gandersheim (Die Bau- und Kunstdenkmäler des Herzogtums Braunschweig. Im Auftrag des Herzoglichen Staatsministeriums hrsg. v. P. J. Meier, Bd. 5). Wolfenbüttel 1910.

DEHIO
Georg Dehio: Handbuch der deutschen Kunstdenkmäler. Bremen. Niedersachsen. Bearb. v. Gerd Weiß unter Mitarbeit von Karl Eichwalder, Peter Hahn, Hans Christoph Hoffmann, Reinhard Karrenbrock und Roswitha Poppe. München, Berlin 1992.

von Einem 1933
Herbert von Einem: Ein Göttinger Altar nach Dürerischen Vorlagen. In: Niedersächsisches Jahrbuch für Landesgeschichte, Bd. 10 (1933), S. 85–99.

Fink 1915
August Fink: Die figurale Grabplastik in Sachsen von den Anfängen bis zur zweiten Hälfte des 13. Jahrhunderts. Wolfenbüttel 1915.

Früchtenicht-Wydora 2001
Christine Früchtenicht-Wydora: Untersuchung und Konservierung einer spätgotischen Pieta aus der Münstersammlung Bad Gandersheim. Restaurierungsbericht des Niedersächsischen Landesamts für Denkmalpflege (masch.), Hannover 2001.

Gepp 2008
Miriam Gepp: Die Stiftskirche in Bad Gandersheim. Gedächtnisort der Ottonen. München, Berlin 2008.

Gleisberg 1959
Dieter Gleisberg: Nachfolge der Naumburger Plastik in Sachsen und Thüringen bis zum Anfang des 14. Jahrhunderts. Dipl. Arbeit (masch.), Leipzig 1959.

Gmelin 1974
Hans Georg Gmelin: Spätgotische Tafelmalerei in Niedersachsen und Bremen (Veröffentlichungen der Niedersächsischen Landesgalerie Hannover. Hrsg. v. Harald Seiler). München, Berlin 1974.

Goetting 1973
Hans Goetting: Das reichsunmittelbare Kanonissenstift Gandersheim (Germania Sacra. Hi-

storisch-Statistische Beschreibung der Kirche des alten Reiches. Hrsg. v. Max-Planck-Institut für Geschichte, Neue Folge, Bd. 7. Die Bistümer der Kirchenprovinz Mainz. Das Bistum Hildesheim, Bd. 1). Berlin, New York 1973.

Goetting 1974
Hans Goetting: Das Benediktiner(innen)kloster Brunshausen. Das Benediktinerinnenkloster St. Marien vor Gandersheim. Das Benediktinerkloster Clus. Das Franziskanerkloster Gandersheim (Germania Sacra. Historisch-Statistische Beschreibung der Kirche des alten Reiches. Hrsg. v. Max-Planck-Institut für Geschichte, Neue Folge, Bd. 8. Die Bistümer der Kirchenprovinz Mainz. Das Bistum Hildesheim, Bd. 2). Berlin, New York 1974.

Griep 1961
Hans-Günther Griep: Südniedersachsen. Eine medizinhistorische Topographie. Hameln 1961.

Habicht 1917
Victor Curt Habicht: Die mittelalterliche Plastik Hildesheims (Studien zur Deutschen Kunstgeschichte, H. 195 – Beiträge zur Niedersächsischen Kunstgeschichte, Bd. 2). Straßburg 1917.

Habicht 1930
Victor Curt Habicht: Der Niedersächsische Kunstkreis. Hannover 1930.

Habicht 1940
Victor Curt Habicht: Die Gregorsmesse der Marienkirche zu Lübeck und die niedersächsischen Darstellungen der Gregorsmesse. In: Zeitschrift des Vereins für lübeckische Geschichte und Altertumskunde, Bd. 30 (1940), S. 339–360.

Harenberg 1734
Johann Christoph Harenberg: Historia Ecclesiæ Gandershemensis cathedralis ac collegiatæ diplomatica. Hannover 1734.

Heilmann 2009
Birgit Heilmann: Aus Heiltum wird Geschichte. Der Gandersheimer Kirchenschatz in nachreformatorischer Zeit (Studien zum Frauenstift Gandersheim und seinen Eigenklöstern, Bd. 1. Hrsg. v. Hedwig Röckelein und Thomas Labusiak). Regensburg 2009.

Hengevoss-Dürkop 1994
Kerstin Hengevoss-Dürkop: Skulptur und Frauenkloster. Studien zu Bildwerken der Zeit um 1300 aus Frauenklöstern des ehemaligen Fürstentums Lüneburg (ARTEfact, Bd. 7). Berlin 1994.

Herbst 1932
Hermann Herbst: Das Benediktinerkloster Klus bei Gandersheim und die Bursfelder Reformation (Beiträge zur Kulturgeschichte des Mittelalters und der Renaissance, Bd. 50. Hrsg. v. Walter Goetz). Leipzig, Berlin 1932.

Herbst 2002
Kristina Herbst: Zwei spätgotische Apostelfiguren (Inv. Nr. 7, X und 17, IIII) aus der Stiftskirche St. Anastasius und St. Innocentius in Bad Gandersheim. Technologisch-restauratorische Untersuchung, Erstellung eines Behandlungskonzepts, Durchführung von konservatorischen Maßnahmen sowie deren Dokumentation. Facharbeit (masch.), FH Hildesheim, Holzminden, Göttingen 2002.

Hoernes 2006
Martin Hoernes: Die frühgotische Grabfigur „Herzog" Liudolfs in der Stiftskirche von Gandersheim. Ein neues Gründergrab in Zeiten der Bedrängung. In: Gandersheim und Essen. Vergleichende Untersuchungen zu sächsischen Frauenstiften. Hrsg. v. Martin Hoernes und Hedwig Röckelein (Essener Forschungen zum Frauenstift, Bd. 4). Essen 2006, S. 131–149.

Kahsnitz 1992
Rainer Kahsnitz: Die Gründer von Laach und Sayn. Fürstenbildnisse des 13. Jahrhunderts. Mit Beiträgen von Walter Haas, Peter Klein, Birgit Meyer und Eike Oellermann (Ausstellungskataloge des Germanischen Nationalmuseums, Nürnberg. Hrsg. v. Gerhart Bott). Passau 1992.

Klose 2003
Britta Klose: Eine gefaßte Holzskulptur mit Darstellung der Anna Selbdritt aus der Stiftskirche zu Bad Gandersheim. Facharbeit (masch.), FH Hildesheim, Holzminden, Göttingen 2003.

König 2002
Romy König: Untersuchung und Konservierung zweier spätgotischer Apostelfiguren aus Bad Gandersheim. Facharbeit (masch.), FH Hildesheim, Holzminden, Göttingen 2002.

Kolossova 2002
Anastassia Kolossova: Untersuchung zweier spätgotischer Apostelfiguren (Inv. Nr. 6 und 13) Stiftskirche St. Anastasius und St. Innocentius in Bad Gandersheim. Erstellung eines Konservierungs- und Restaurierungskonzeptes und die Durchführung konservatorischer Maßnahmen. Facharbeit (masch.), FH Hildesheim, Holzminden, Göttingen 2002.

Kronenberg A.C. 2001
Axel Christoph Kronenberg: Klosterkirche Clus St. Maria und Georg. Hrsg. v. d. Ev.-luth. Kirchengemeinde Clus. Lamspringe 2001.

Kronenberg A.C. 2006
Axel Christoph Kronenberg: Sankt Georg zu Bad Gandersheim. Die Bürgerkirche an der Gande. Hrsg. v. d. Stiftskirchengemeinde und vom Kur- und Verkehrsverein Bad Gandersheim am Harz e. V. Bad Gandersheim 2006.

Kronenberg K. 1966
Kurt Kronenberg: Clus und Brunshausen. Verlassene Klöster (Aus Gandersheims großer Vergangenheit, Bd. 1). Zweite erweiterte Auflage, Bad Gandersheim 1966.

Kronenberg K. 1969
Kurt Kronenberg: Die Gandersheimer Bartholomäuskapelle und ihre Kunstwerke. Festgabe für Frau Margarete Hertel zu ihrem Geburtstag am 11. März 1969. Bad Gandersheim 1969.

Kummer/Kuppe 1997
Wolfram Kummer und Lothar Kuppe: Befunduntersuchungen zu den Retabeln der Stiftskirche St. Anastasius und St. Innocentius in Bad Gandersheim (masch.), 20.10.1997.

Mahn 1970
Eva Mahn: Spätgotische Kruzifixe des Harzes und seiner Vorländer. Erscheinung und Wandel des plastischen Kruzifixes um 1500. Diplomarbeit (masch.), Karl-Marx-Universität Leipzig 1970.

Middeldorf 1925
Ulrich Middeldorf: Die Entwicklung der thüringisch-sächsischen Plastik seit etwa 1250 bis etwa 1350. Diss (masch.), Berlin 1925.

Münzenberger/Beissel 1885–1906
Ernst Franz August Münzenberger und Stephan Beissel: Zur Kenntnis und Würdigung der Mittelalterlichen Altäre Deutschlands. Ein Beitrag zur Geschichte der vaterländischen Kunst. 2 Bde. Frankfurt a. M. 1885–1906.

ND
Niedersächsische Denkmalpflege. Veröffentlichung des Niedersächsischen Landesamtes für Denkmalpflege. Hrsg. v. Niedersächsischen Landesverwaltungsamt. Hildesheim 1953ff.

von der Osten 1957
Gert von der Osten: Katalog der Bildwerke in der Niedersächsischen Landesgalerie Hannover (Kataloge der Niedersächsischen Landesgalerie, Bd. II. Hrsg. v. Ferdinand Stuttmann). München 1957.

Pfeifer 1900
Hans Pfeifer: Die St. Georgskirche in Gandersheim. In: Die Denkmalpflege, Bd. 2 (1900), S. 75–77.

Pfeifer 1918
Hans Pfeifer: Die Wiederherstellung des Münsters in Gandersheim und die baugeschichtlichen Ergebnisse derselben. In: Zeitschrift für Bauwesen, Bd. 68 (1918), S. 117–142.

Pinder 1929
Wilhelm Pinder: Die deutsche Plastik vom ausgehenden Mittelalter bis zum Ende der Renaissance (Handbuch der Kunstwissenschaft. Hrsg. v. Fritz Burger. 2 Bde.). Wildpark-Potsdam 1929.

Scheffler 1925
Wolfgang Scheffler: Die gotische Plastik der Stadt Braunschweig und ihre Stellung im niedersächsischen Kunstkreis. Diss. (masch.), Göttingen 1925.

Scheffler 1952
Wolfgang Scheffler: Die evangelischen Kirchen der Roswithastadt Bad Gandersheim. Zweite unveränderte Auflage, Braunschweig 1952.

Schneider 1932
Heinrich Schneider: Ein neuentdecktes lübeckisches Kunstwerk aus dem Ende des 15. Jahrhunderts. In: Lübeckische Blätter. Zeitschrift der Gesellschaft zur Förderung gemeinnütziger Tätigkeit, Bd. 24 (1932), S. 411–413.

Schuler 1983 (1)
Wolfgang Schuler: Cord Borgentrik und sein Kreis. In: Niederdeutsche Beiträge zur Kunstgeschichte, Bd. 22 (1983), S. 28–66.

Schuler 1983 (2)
Wolfgang Schuler: Der Schulenroder Altar. In: Heimatbuch für den Landkreis Wolfenbüttel, Bd. 29 (1983), S. 39–45.

Struck 1932
Rudolf Struck: Der Altarschrein in der Kirche des Benediktinerklosters Klus bei Gandersheim. In: Lübeckische Blätter. Zeitschrift der Gesellschaft zur Förderung gemeinnütziger Tätigkeit, Bd. 24 (1932), S. 434.

Stuttmann/von der Osten 1940
Ferdinand Stuttmann und Gert von der Osten: Niedersächsische Bildschnitzerkunst des späten Mittelalters (Denkmäler Deutscher Kunst. Hrsg. v. Deutschen Verein für Kunstwissenschaft). Berlin 1940.

Tesch 2000/01
Andree Tesch: Zwei spätgotische Skulpturen einer Triumphkreuzgruppe aus der Stiftskirche in Bad Gandersheim. Vergleichende Betrachtungen zu den Assistenzfiguren dreifiguriger Triumphkreuzgruppen des 15. und 16. Jahrhunderts in Niedersachsen. Facharbeit (masch.), FH Hildesheim, Holzminden, Göttingen 2001.

Tesch 2001
Andree Tesch: Zwei spätgotische Skulpturen aus der Stiftskirche Bad Gandersheim. Technologische Untersuchung und Erstellung eines Behandlungskonzeptes mit besonderer Berücksichtigung der Frage der Zusammengehörigkeit dieser Skulpturen innerhalb einer Kreuzigungsgruppe. Facharbeit (masch.), FH Hildesheim, Holzminden, Göttingen 2001.

Wentzel 1935
Hans Wentzel: Ein lübeckischer Schnitzaltar im Harzgebiet. In: Niederdeutsche Welt. Monatsschrift für das niederdeutsche Kulturgebiet, Bd. 10 (1935), S. 77.

Wentzel 1947
Hans Wentzel: Die Madonna in Wienhausen. In: Zeitschrift für Kunstwissenschaft, Bd. I (1947), S. 77–88.

Bildnachweis

Soweit nicht anders angegeben, stammen sämtliche Fotos vom Autor.

Abb. 1, 2, 30, 43: Portal zur Geschichte Bad Gandersheim

Abb. 3: Repro aus: Erwin Panofsky. Die deutsche Plastik des 11.–13. Jahrhunderts, München 1924

Abb. 4: Repro aus: Bilder aus Kloster Ebstorf in der Lüneburger Heide, hrsg. v. Hans-Curt Köster, Königstein i. T. 2000

Abb. 7: Germanisches Nationalmuseum, Nürnberg

Abb. 8, 21: Niedersächsisches Landesmuseum Hannover

Abb. 16: Repro aus: BuKd Gandersheim

Abb. 18: Jens Bruun, Aabenraa (www.altertavler.dk)

Abb. 29: Städtisches Museum, Braunschweig. Museumsfoto

Abb. 36, 47: Repro aus: Stuttmann/von der Osten 1940

Abb. 50: Repro aus: Lucas Cranach. Ein Maler-Unternehmer aus Franken, Veröffentlichungen zur Bayerischen Geschichte und Kultur, Nr. 26/94, hrsg. v. Haus der Bayerischen Geschichte, Augsburg 1994